Corinna Kreutinger

Ich bin nicht arm, ich hab nur kein Geld

impian

Umschlaggestaltung: Diana Mazmanyan, Leipzig
Lektorat: Anne-Kathrin Häfner, Steinbach
Satz: Röser MEDIA GmbH & Co. KG, Karlsruhe
Druck und Bindung: CPI books GmbH, Leck
Printed in Germany
ISBN 978-3-96269-203-2

www.impian.de

Inhalt

Vorwort

Die Welt ist voller Menschen und ihre Anzahl steigt weiter. Laut Angaben der Vereinten Natonen lag die Bevölkerungszahl im Jahre 2019 bereits bei 7,7 Milliarden und wird 2030 nach aktuellen Berechnungen voraussichtlich die Zahl von 8,5 Milliarden erreichen. [1]

Hinter dieser riesigen Zahl stehen ebenso viele Biographien, jede davon einzigartig und auf ihre Weise interessant und beachtenswert. Jeder Mensch hat seine Würde, die es zu achten gilt. Jeder startet als hilfloses kleines Wesen in sein eigenes Abenteuer des Lebens. Manches auf diesem Weg ist nach dem Heranwachsen planbar, aber bei weitem nicht alles. Der eine oder andere Plan erweist sich außerdem als nicht durchführbar. Vielleicht hat man nicht alles recht bedacht, eventuell bremsten auch andere, mitunter zu Recht, teilweise aber eben auch nicht zu Recht.

Ich gehöre zu denen, die Sprichwörter und Redensarten bereits in der Kindheit mit kritischem Blick betrachteten. Dazu gehört die aus meiner Sicht unbedachte Feststellung, dass jeder „seines eigenen Glückes Schmied" sei. Es fängt bereits damit an, dass einigen schon bei der Geburt Hammer und Amboss kostenfrei zur Verfügung stehen, anderen dagegen nicht. Manche erhalten auch ohne diese Grundausstattung immerhin einige gute Tipps bei der Aneignung des dringend benötigten Knowhows, im günstigsten Fall mit verständnisvoller Hinwendung zum Lernenden, aber etlichen bleibt auch das verwehrt. Anders ausgedrückt: Ohne gute emotionale Unterstützung auf dem Weg ins Erwachsenenleben sowie guten Bildungsmöglichkeiten wird es schwierig mit der eigenen Herstellung des großen vierblättrigen Kleeblattes, ganz davon abgesehen, dass noch andere nicht beeinflussbare

Faktoren wie beispielsweise eine eingeschränkte Gesundheit gewaltige Bremsklötze sein können.

Dass man einiges selbst beeinflussen kann, ist zweifelsohne richtig, aber aus meiner Sicht trifft dieses Sprichwort in dieser absoluten Verkürzung nur bedingt zu. Etliches geschieht unvorhersehbar, mal sind es wunderbare Glückstreffer, mal das schmerzhafte Gegenteil, und oft entgeht manLetzterem nur haarscharf. Der Anteil von Glück und Unglück trifft jeden unterschiedlich, sowohl in der Häufigkeit als auch im Ausmaß. Auch geht jeder Mensch unterschiedlich damit um.

Manche werden nicht nur in materiellen Wohlstand hineingeboren, sondern sind gleichzeitig sofort prominente kleine Wesen, bei vielen ist das ganz und gar nicht der Fall. Wem Reichtum quasi in die Wiege gelegt wurde, dem öffnen sich wahrscheinlich mehr Türen auf seinem Weg. Doch auch hier funktioniert es nicht unbedingt automatisch. Mit finanziellen Sorgen müssen diese Menschen langfristig zwar wahrscheinlich nicht rechnen, aber eine Garantie gibt es auch dafür nicht, und erst recht nicht für das Wohlbefinden und die seelische Ausgeglichenheit.

Ein junger Mensch in prominenter Stellung findet allerdings viel leichter ein Forum, um über seine individuellen Befindlichkeiten zu berichten und ihm bieten sich meistens mehr Chancen für eventuelle berufliche Neustarts. Das ist eine gute Sache, die Dankbarkeit verdient, finde ich. Nicht jedem Menschen eröffnen sich solche Möglichkeiten. Andere wiederum fühlen sich auf eine ganz andere Weise reich, und sei es nur für den einen oder anderen kleinen Moment.

Mit diesem Buch möchte ich zum Nachdenken anregen über die Gewichtung von Problemen und Schicksalsschlägen sowie deren Verarbeitung durch öffentliche Personen auf der einen und unbekannten Personen auf der anderen Seite. Auch wer nicht im Fokus der Medien steht (was sicherlich auch oftmals alles andere als einfach ist), hat mitunter sehr viel Interessantes zu berichten. Der Titel ist ein Zitat von einem der Menschen, die ich hier vorstellen möchte.

Immer auf Sendung

Abendprogramm zur sogenannten besten Sendezeit. Drei Personen sitzen auf ausladenden, eleganten Gartenmöbeln auf einer sonnigen Terrasse in Kalifornien und unterhalten sich mit erkennbarer Neigung zum Drama. Welcher Anteil der Äußerungen inszeniert sein mag und wie viele der Worte des Wehklagens sich spontan und ehrlich ans Publikum richten, bleibt der individuellen Interpretation der Zuhörenden überlassen. Objektiv geklärt werden kann das sowieso nicht und ist für die meisten Menschen auch nicht von Belang.

Dass solche ausschweifenden Interviews wahrscheinlich keine Ad Hoc-Reaktionen auf die Wissbegierde der Moderatorin sind, steht sicherlich außer Frage. Es geht, wenn vielleicht auch nicht ausschließlich, zu einem großen Teil um Image-Pflege, häufige öffentliche Präsenz und um Vermarktung. Zudem spielt der Unterhaltungswert für die von unzähligen Medien überreizte Zuhörerschaft eine große Rolle. Die Einschaltquoten müssen stimmen. Da gerät der Informationswert auch mal ins Hintertreffen.

Was andererseits allzu viel Spontaneität verursachen kann, zeigte ein kurzes, aber nachhaltig wirkendes Interview mit der Schauspielerin Jenny Elvers. Das entsprechende Video war über einen längeren Zeitraum im Internet abrufbar. In vielen Medien wurde darüber berichtet, dass sie einen verwirrten Eindruck machte, weil sie anscheinend unter dem Einfluss von Alkohol stand. Als ich meine Gedanken zu diesem Buch strukturierte, konnte ich es mir noch ansehen. Inzwischen ist es nicht mehr abrufbar.

Jenny Elvers gab sich eindeutig große Mühe, sich auf die Interview Fragen zu konzentrieren, kam jedoch bald an ihre Grenzen. Sie tat mir leid in ihrer Hilflosigkeit, vor allem weil sie in ihrer sympathischen Ehrlichkeit dem nicht lange auf sich warten lassenden Gespött etlicher Zeitgenossen ausgeliefert war.

Die Schauspielerin hat in der Folge das Beste aus dieser für sie fürchterlichen Situation gemacht, indem sie den anschließenden Aufenthalt in einer Entzugsklinik offen kommunizierte. Ihre Authentizität brachte ihr Sympathiepunkte, und diese hat sie aus meiner Sicht auch voll und ganz verdient. Es wurde meines Wissens auch nie berichtet, dass sie sich über den Sender beklagt hätte – schließlich wäre ein vorzeitiger Abbruch dieses Gespräches sicherlich möglich gewesen.

Im Gegenteil: Ein Ausschnitt aus einem anderen, späteren Interview zeigte, wie selbstkritisch sie sich dem Problem stellte und niemand anderen für ihre Situation mitverantwortlich machte.

Aber zurück nach Kalifornien auf die Luxus-Terrasse: Der englische Prinz Harry und seine Frau haben das Königshaus in London verlassen und bedienen die Neugier der Menschen vor Millionen von Bildschirmen. Vielfach wurde vor Ausstrahlung der Sendung der Begriff Enthüllung bemüht. Diese Vokabel scheint mir in letzter Zeit ohnehin inflationär verwendet zu werden. Die Ära der kreativen und durchaus imposanten VERhüllungs-Aktionen des mittlerweile verstorbenen Künstlers Christo scheint einem ENThüllungs-Boom gewichen zu sein.

Dabei spielt es offensichtlich eine untergeordnete Rolle, ob die jeweiligen Informationen tatsächlich für eine Mehrheit von Bedeutung sind oder dieser Begriff eher der Kategorie „Übertreibung“ zugeordnet werden kann. Es hängt nicht zuletzt von der persönlichen Einstellung ab.

Enthüllung – welch analytisches Drama mag die unzähligen mattscheibenfixierten Augenpaare nun erwarten? Oder doch einfach nur Tratsch, der sich mit dem neuerdings bemühten Begriff gossip anscheinend etwas anspruchsvoller anhören soll, auch wenn es sich faktisch um nichts anderes handelt.

Um hohe Einschaltquoten zu garantieren, muss es schon im Vorfeld vor Spannung knistern. Deshalb zog sich die tägliche Ankündigung des Spektakels auch so lange hin, bis jeder davon wusste. Wie der Tagesspiegel am 9. März 2021 berichtete[2], lag dann auch die durchschnittliche Zahl derer, die die Sendung verfolgten, bei 17,1 Millionen.

Am 7. März 2021 berichtete die BZ (Berlin) unter Berufung auf das Wall Street Journal[3], dass der US-Sender CBS für die Rechte am Interview 7,9 Millionen Dollar zahlte und bezeichnete dies als eine „Goldgrube“ für die Talkmasterin Oprah Winfrey. Wohlgemerkt für die Interviewerin!

Informationen darüber, ob die Gäste auch entlohnt wurden, konnte ich nirgendwo finden.

Wie dem auch sei, es ging jedenfalls – wie in vielen anderen Fällen auch – mal wieder um viel Geld. Das war sicher auch fast jedem klar, der es sich vor dem Fernseher gemütlich gemacht hatte. Dass mit hoher Wahrscheinlichkeit auch gelegentlich etwas dicker aufgetragen wurde, ist nicht weiter verwunderlich, zumal kaum etwas aus diesen subjektiven Erzählungen nachprüfbar sind. Warum zieht es dennoch so viele an?

Dafür mag es etliche unterschiedliche Gründe geben. Einer davon scheint mir die Tatsache zu sein, dass im Vorfeld solcher Sendungen bereits ein enormer Hype stattfindet. Schon Wochen zuvor gibt es ständig wiederkehrende Hinweise darauf – solche Empfehlungen würde ich mir für einige interessante Dokumentarfilme auf anderen Kanälen wünschen.

Nach all dieser Werbung wird letztlich ein Frage-Antwort- Spiel mit Prominenten geliefert, das sich vor allem durch zwei Dinge auszeichnet: Oberflächlichkeit und fehlende Nachprüfbarkeit des Wahrheitsgehaltes. Damit hat das Publikum über längere Zeit eine Beschäftigung, nämlich sich aufregen, spekulieren, sich pro oder contra positionieren und hernach in den sozialen Medien die erhofften Klicks und Kommentare generieren. All das hat auch durchaus seine Berechtigung und ist für manche Menschen eine willkommene Abwechslung vom grauen Alltag, aber muss die Bedeutung solcher Sendungen so dermaßen gepusht werden? Hat es wirklich einen so viel höheren Wert als beispielsweise ein Dokumentarfilm über Naturphänomene, eine Sendung über technische Neuerungen oder alternativ eine Comedy-Sendung? Kann ich solche Gespräche, wie sie in sogenannten Talkrunden präsentiert werden, nicht ebenso gut mit Freunden oder Nachbarn führen? Im Kern ging es ja beim Interview mit den Royals um ähnliche Empfindungen und Erlebnisse wie bei etlichen anderen Menschen auch. Der finanzielle Rahmen indes macht einen großen Unterschied und liefert das teure Ambiente, in dem vom Luxusleben geplagte Menschen um die Empathie anderer Menschen buhlen, auch derjenigen, die Probleme ganz anderen Ausmaßes zu bewältigen haben bei weitaus geringerem Lebensstandard.

Im Fall des Interviews mit Oprah Winfrey war meines Erachtens vor allem der Zeitpunkt kritikwürdig. Im Jahre 2021 haben durch die Corona-Pandemie etliche Menschen ihre Existenzgrundlage verloren, beispielsweise in der Gastronomie, und viele hatten auch Verstorbene zu beklagen. Ein wenig Fingerspitzengefühl hätte man dem mit materiellen Gütern überdurchschnittlich ausgestatteten Paar sehr wohl abverlangen können. Auch ein kleines Quäntchen Bewusstsein hinsichtlich der Historie des Königshauses wäre nicht verkehrt gewesen. Ich möchte nicht bis an die Zeiten Heinrichs VIII. zurückdenken, um mir vorzustellen, welche Reaktionen in früheren Zeiten ein solches Interview ausgelöst hätte. Dass ein Ausstieg aus der royalen Tretmühle heutzutage möglich ist, sollte also bei denen, die sich in ihrer Rolle nicht wohlfühlen, eher Freude auslösen.

Es hätte sicherlich gereicht, den Schritt mit einem deutlich formulierten knappen Statement öffentlich zu begründen,. Stattdessen wurde noch mit einem Buch von dem Paar laut Medienberichten mit Hilfe eines Ghostwriters, also nicht einmal komplett selbst verfasst) sowie einer Netflix-Serie nachgetreten und sehr viel Geld damit verdient. In Relation zu Menschen, die ein ganz anderes Schicksal zu schultern haben oder hatten, wurde hier, salopp formuliert, ganz schön dick aufgetragen, noch dazuvon Personen, die stets ihre Wohltätigkeitsaktionen betonen. Ob solch ein Verhalten die Glaubwürdigkeit in puncto Mitgefühl fördert, wage ich zu bezweifeln.

Meines Erachtens hat sich durch die Vielzahl der Medien, die 24/7 in Konkurrenz miteinander dem Druck unterliegen, beste Einschaltquoten zu erzielen beziehungsweise diese möglichst zu übertreffen, eine sukzessive Qualitätsminderung eingeschlichen. Wie soll es auch nur ansatzweise gelingen, so viele Sendestunden mit anspruchsvollen Inhalten zu füllen? Damit einher geht auch eine veränderte Art der Verarbeitung dieser Präsentationen bei einem Teil der Konsumierenden.

In diesem Fall passt die gegenderte Form übrigens perfekt: Die Konsumierenden – das sind u. a. diejenigen, die tatsächlich in Dauerschleife zwischen den Wollnys, der „Katze“ und irgendwelchen kochenden Prominenten (die merkwürdigerweise keiner kennt) hin -und herzappen und beim realen Zusammentreffen mit ihren Mitmenschen keinen anderen Gesprächsstoff finden als die Wiedergabe der entsprechenden Sendungen inklusive Verwechslung der beteiligten Personen. Nach all dem Konsum verwundert das kaum.

Viele haben sich irgendwann angewöhnt, während des Abendessens als Ersatz für die musikalische Berieselung im Restaurant den Fernseher anzuschalten.

Bei manchen läuft er sowieso immer. Es gibt viele Gründe dafür, dass ein solches Programm sehr viele Menschen erreicht.

Wahrscheinlich denkt sich jetzt mancher: Die Autorin scheint sich selbst jede Menge Sendungen anzuschauen, wenn sie dies alles kennt. Da muss ich leider enttäuschen. Ich besitze schon seit Jahren keinen Fernseher mehr. Mir reichen das Internet und der gelegentliche Besuch eines Frisiersalons mit den dort angebotenen Zeitschriften. Eigentlich weiß ich nicht genau, was es bedeutet, sich zu langweilen. Aber wenn ich dort sitze, entwickelt sich bei mir nicht nur die aufgetragene Haarfarbe, sondern ein Gefühl dafür, was mit Langeweile gemeint sein könnte.

Nach dem Durchblättern der Illustrierten haben die fleißige Friseurin Jutta und ich immer reichlich Gesprächsstoff im Salon, der sich in der einzigen deutschen Gemeinde mit dem Anfangsbuchstaben X befindet, der Heimat des Siegfrieds aus der Nibelungensage. Schon beim Anreichen des Blättchens schmunzeln wir, wohl wissend, dass wir mal wieder einer Meinung sind. Schon das Anreichen dieser Sammlung überwiegend kitschigen Lesestoffs mit ebensolchen Bildern gelingt Jutta nur mit einem Hauch von nicht zu verbergendem Zweifel im Blick, weil sie weiß, dass diese Ergüsse bei mir niemals Platz 1 auf einer Leseliste erreichen werden. Darin unterscheiden wir uns im Übrigen beide nicht.

Grundsätzlich spricht nichts gegen entspannende Unterhaltung, die vielleicht auch eine gewisse Neugier gegenüber einzelnen Personen des öffentlichen Lebens befriedigt und nicht zu tiefgründigem Nachdenken aufruft. Gerade in Zeiten großer weltweiter Probleme, die in Echtzeit ständig ins Bewusstsein gerückt werden, kann dies für manche Menschen eine recht angenehme Ablenkung sein.

Allerdings empfinde ich in diesem Kontext etwas anderes als störend. Kaum ist im Frisiersalon die erste Seite der Illustrierten umgeschlagen, erscheinen vor mir die gleichen Gesichter wie am Abend zuvor in den Push-Nachrichten des Smartphones, der „Vierbuchstaben-Zeitung“ beim Bäcker, in Werbe-Videos und bei weiteren Gelegenheiten. Auch das würde keine Rolle spielen, wenn nicht schon in der fett gedruckten Headline auf das Mitleid der Leserschaft abgezielt würde, wohlgemerkt hinsichtlich der immer wieder selben Personen. Diesen Prominenten komplett auszuweichen ist schwieriger geworden als noch vor ein paar Jahrzehnten.

Meine Friseurin, die meine Meinung bezüglich dieser Thematik teilt, schmunzelt immer wieder, wenn sie sieht, dass ich die Seiten sehr langsam umblättere, als würde mich im Innern des Heftchens eine unangenehme persönliche Mitteilung erwarten. Das ist es aber nicht, vielmehr könnte ich zwei meiner Monatseinnahmen drauf verwetten, dass entweder Prinz Harry, seine Gattin, Boris Becker oder Oliver Pocher mir als erstes präsentiert werden. Immerhin wechselt die Reihenfolge gelegentlich, aber dessen ungeachtet wirkt aus meiner Sicht diese Häufigkeit und die Art der Berichterstattung über das vermeintlich harte Los derer, die im Gegensatz zu Hunderttausenden anderen Menschen allein durch ihre prominente gesellschaftliche Stellung ganz andere Möglichkeiten haben, ihre Probleme zu bewältigen, wie eine Provokation.

Auch in beruflicher Hinsicht bringt Prominenz viele Vorteile: Einerseits ist es zwar bestimmt nicht angenehm, auf Schritt und Tritt öffentlich wahrgenommen zu werden, andererseits eröffnet gerade das Türen für neue, gut dotierte Jobs, die Menschen ohne Bekanntheitsgrad komplett verschlossen bleiben.

Ein neuer Werbevertrag, Moderatorentätigkeiten oder andere Auftritte in Fernsehsendungen liegen ganz offensichtlich immer im Bereich des Möglichen. Insofern wäre es begrüßenswert, wenn die öffentlich vorgetragenen Klagelieder um ein paar Strophen verkürzt werden könnten. Sie wirken oft maßlos im Vergleich zu den Einzelschicksalen vieler Menschen, die jedem im Alltag schon begegnet sind.

Warum wird mindestens wöchentlich berichtet, wer sich per sogenannter Abnehmspritze, also Ozempic, eine persönliche Traumfigur herbeizaubert? Es gibt sicher Menschen, die das Medikament zur Behandlung von Diabetes 2 dringender brauchenUninteressanter als Gazetten-Dauergast Pocher sind diese Menschen meiner Ansicht nach nicht. Einige von ihnen haben mit hoher Wahrscheinlichkeit Erstaunlicheres zu kommunizieren als Lästereien über ehemalige Partnerinnen oder Kolleginnen und Kollegen aus derselben Branche. Es ergibt sich nur seltener eine Chance für sie, dies auch zu tun.

Diesbezüglich erinnere ich mich gelegentlich an Jutta von Ditfurth, die sich in jungen Jahren sehr progressiv, engagiert und streitbar zeigte und – wie der Name verrät – aus dem Adel stammt.

Innerhalb weniger Jahre war sie so ziemlich jedem ein Begriff, was neben ihrem meist entschlossenen Auftreten und ihrer Eloquenz ein Stück weit dem Umstand geschuldet war, dass ihr Vater dem Fernsehpublikum durch Sendungen mit interessant dargelegten wissenschaftlichen Inhalten ein sympathischer Gast in Millionen von Wohnzimmern war. Damals standen die Geräte in der Regel noch dort und nicht im Kinderzimmer. Professor Hoimar von Ditfurth, ich weiß es noch sehr genau, weil unser Daddy ein Meister der lustigen Versprecher war und ich den unfassbaren Lach-Flash nicht vergessen habe, als er aus diesem Star der hochkarätigen Fernsehunterhaltung einen Dietmar von Hoifurth zauberte. Aber das nur am Rande.

Besagte Tochter Jutta (die natürlich NICHT meine Friseurin ist) wollte nach einigen Jahren nicht mehr mit dem „von“ in ihrem Namen angesprochen werden. Sie fand es erstens nicht zeitgemäß und zweitens unfair gegenüber anderen Menschen. Ich erinnere mich noch an ein entsprechendes Interview, habe jedoch nicht mehr den Titel der Sendung und das Ausstrahlungsdatum präsent. Nach ihrer Erfahrung wurden ihr offenbar dank ihrer Herkunft oft Vorteile geboten, was sie missbilligte. Vorstellen kann ich mir das durchaus, denn wie bekomme ich ein sicheres Gefühl dafür, dass eine Top-Chance, ein Engagement oder eine Spitzenstellung tatsächlich die Anerkennung meiner eigenen Fähigkeiten und Anstrengungen bedeutet und nicht bloß meiner gesellschaftlichen Zugehörigkeit geschuldet ist? Abgesehen von der

Nachvollziehbarkeit dieses Gedankens empfinde sicher nicht nur ich in diesem Punkt Sympathie für jemanden, der diesen öffentlich bekundet.

Die Kritik an der ständigen Wiederholung klagevoller Berichte über die immer selben Leute hat auch nichts mit Neid zu tun, sondern mit der Empathie für andere, denen es deutlich schlechter oder zumindest nicht besser geht, schon allein ob der viel geringeren Aussichten, aus eigener Kraft eine Verbesserung der bedrückenden persönlichen Situation erreichen zu können.

Es scheint aber durchaus eine Überlegung wert zu sein, ob es wirklich nur die Prominenten selbst sind, die für diese Berichterstattung in Dauerschleife verantwortlich zeichnen. Bei genauer Betrachtung fällt auf, dass zunächst über längere Zeit mit unzähligen positiven Berichten ein medialer Hype um eine bestimmte Person veranstaltet wird, der sie zum Star macht, in vielen Fällen im Zusammenhang mit einer zuvor erbrachten außergewöhnlichen Leistung, beispielsweise im Sport oder in der Musikbranche. Auf die Dauer kann sich dieses Idealbild wegen zu häufiger Medienpräsenz deutlich abschleifen. Auf von der Yellow Press verwendete Sprachmuster hat der interviewte junge Schauspieler oder die junge Sängerin leider keinen Einfluss.

Dabei hat die dort verwendete Sprache Einfluss auf die Art der Wahrnehmung in der Leserschaft und kann z. B. die Einschätzung einer Person als „Jammeri", wie man es in der Schweiz nennt, deutlich verstärken.

Bei Live-Interviews wiederum hängt vieles von den gestellten Fragen ab und natürlich auch von der Anzahl an Auftritten innerhalb eines bestimmten Zeitrahmens. Das kann bei den Zuschauerinnen und Zuschauern schnell zu Überdruss führen, und wer unnatürlich wirkt oder sich regelmäßig öffentlich beklagt, hat gute Chancen auf baldige Ablehnung durch ein breites Publikum. Vor etlichen Jahren, als sich dies alles nur in Radio, Fernsehen und den damals noch sogenannten Klatschblättern abspielte, gab es insofern noch Grenzen , als Sendezeiten deutlich kürzer waren und nichts online abrufbar war.

Das Internet mit seiner Vielzahl an sozialen Medien hat logischerweise alles verändert.

Im Grunde ist schon fast alles ausgereizt, was irgendwie sendefähig ist, zumal sich zu der Vielzahl an Fernsehsendern noch Unmengen an Kanälen unzähliger Privatpersonen gesellen. Da heißt die Devise natürlich AUFFALLEN. Dies wiederum setzt besondere Fähigkeiten wie Geschicklichkeit, hohes Fachwissen, ungewöhnliche Eloquenz, ein herausragendes Talent oder ähnliche nicht alltägliche Eigenschaften oder Kenntnisse voraus – nur so kann Interessegeweckt werden. So viele kann es aber davon kaum geben, und abkupfern bei den wirklichen Könnern entfällt zwangsläufig, da es zu schwierig ist. Wirkliche Kunst, hintergründige Komik, vielfältiges Talent oder einfach alles Außergewöhnliche, das vor vielen Jahren oder Jahrzehnten Menschen begeistert mitgerissen hat, ist in vielen Fällen abgelöst worden von einer flachen Beliebigkeit, die von der jüngeren Generation abwechselnd mit gebetsmühlenartig sich wiederholenden englischen Adjektiven honoriert wird: awesome, great und crazy.

Noch vor ein paar Jahren mischten Jugendliche noch deutsche und englische Adjektive, benutzten aber abseits von Deutschklausuren ebenfalls nur drei, nämlich cool, geil und Hammer. Dass das Letztgenannte keines ist, spielte nicht wirklich eine Rolle.

Auf den entsprechenden Sendekanälen gibt es längst das Video vom Video, das von jemandem, der letztlich Zuschauer ist, Sequenz für Sequenz mit den dazugehörigen Unterbrechungen kommentiert wird.

Als wir damals in der sechsten Klasse bei einem bestimmten Lehrer abschnittweise vorlesen und jeden Absatz kommentieren mussten, hatte sicher niemand von uns auf dem Schirm, dass man Jahrzehnte später mit dieser langweiligen Beschäftigung tatsächlich Geld verdienen und einen einigermaßen beeindruckenden Bekanntheitsgrad erreichen kann. Besagter Lehrer hätte sich, nebenbei bemerkt, auch nicht mit awesome, crazy, great, und schon gar nicht mit „oh my god" zufriedengegeben.

Inzwischen hat längst die sogenannte Reality ihre eigenen Stars hervorgebracht. Das, was Familie X oder die alleinerziehende Mutter Y eigentlich mit ihren tatsächlichen Nachbarn, entfernten Verwandten oder Bekannten erleben könnte, schaut sie sich ersatzweise in den Medien an. Vorgeblich wird dort der normale Alltag abgebildet. Offen gesagt nehme ich es der Mutter einer Großfamilie nicht ab, dass sie tatsächlich jeden Morgen die doppelten Vornamen ihrer sämtlichen

Kinder einzeln ruft, sofern sie nicht von einem Kamerateam begleitet wird. Da wird schon so einiges vorgegeben werden. Wie sagte ein solches Seriensternchen, dessen Namen ich vergessen habe, noch? „Ich versuche, immer ganz natürlich zu sein."

Ist das wirklich ein Versuch? Ich dachte immer, natürlich sein kommt von innen. Einfach so, ohne Übung oder Versuche. Aber ich lasse mich gern korrigieren. Vielleicht liege ich damit ja auch falsch.

Es ist natürlich absolut in Ordnung, wenn es für all das ein Publikum gibt. Keiner wird gezwungen, sich solche Sendungen anzuschauen. Darüber, ob man damit unbedingt Millionen verdienen muss, kann man allerdings durchaus diskutieren, besonders bezüglich der Entwicklung, dass es im Handwerk, in der Pflege und vielen weiteren Bereichen, in denen für weit weniger Salär richtig hart gearbeitet wird, immer weniger Nachwuchs gibt.

Aber derzeit ist es leider noch so, dass sich der Goldesel neben dem Dschungelkönig anders streckt als neben demjenigen, der sich morgens um drei bereits in der Backstube abrackert, um uns alle mit Brot und Brötchen zu versorgen. In Teile der heutigen Gesellschaft hat sich nach und nach eine Veränderung hinsichtlich der Wertung von Leistung und Relevanz eingeschlichen, die durchaus mit dem Begriff Schieflage belegt werden kann.

Vor 20 bis 30 Jahren gab es bereits Vorboten dessen, was heute präsentiert wird, sie waren aber bei weitem nicht so schrill und provokant wie heute. Die erste Familie im deutschen Fernsehen in einer Vorstufe der heutigen „Reality-Shows", waren die Fußbroichs aus Köln. Bestimmt haben sie für ihre Bemühungen und die ständige Begleitung durch die Kameras etwas bekommen, aber sicherlich bei weitem nicht das, was heute möglich wäre. Nach meiner Erinnerung waren diese Menschen authentisch, und die wenigen Folgen der Serie wurden in relativ großem Abstand gezeigt. Das ist nicht mehr vergleichbar mit der jetzigen Entwicklung.

Heute ist es mit einer einmaligen Teilnahme nicht mehr getan. Es folgt die Präsenz auf Instagram, Facebook und anderen sozialen Medien. Vor allem über private Ereignisse wird laufend berichtet. Mitunter wirkt dies alles sehr gestellt, was mich auch nicht wundert, denn all das Private, Alltägliche, wird mit dem Ziel nach außen getragen, ein Publikum zu unterhalten. Ohne eine gewisse Schauspielerei fiele man ja nicht auf und geriete ganz schnell in Vergessenheit. Auffallen bei möglichst hohem Authentizitäts-und Solidaritätsempfindungs-Effekt erhöht offensichtlich die Wahrnehmungsquote und damit auch die eine oder andere pekuniäre Chance.

Veränderte Anspruchshaltung

Zeiten ändern sich. Das war selbstverständlich immer so. Was sich dabei stets mit veränderte, ist die Sprache. Dabei muss man gar nicht so weit zurückdenken, indem man beispielsweise die Sprache des Mittelalters mit der heutigen vergleicht. Es reicht ein deutlich kürzerer Zeitraum, um Veränderungen zu bemerken, manchmal nur 20 Jahre. Sprache gibt dabei Hinweise auf die gesellschaftliche Entwicklung, und damit meine ich sprachliche Veränderungen, die letztlich wie ein Automatismus entstehen. Eine aus ideologischen Gründen veranlasste Verpflichtung zu einem bestimmten Vokabular, wie es in letzter Zeit manche Kreise der Gesellschaft durchzusetzen versuchen, erscheint mir künstlich. Dass dies von vielen abgelehnt wird, erstaunt mich nicht.

Somit gibt umgekehrt der Gebrauch von Sprache bei genauer Betrachtung einige Hinweise auf den jeweiligen Zeitgeist.

Auf die Frage, wie die neue Ärztin im Ort, der zukünftige Lehrer des Kindes oder die gerade ihren Salon eröffnende Kosmetikerin sei, erhielt man Antworten wie: „Sie ist sehr gründlich." „Bei ihm lernen alle gut." „Sie ist schon sehr erfahren."

Mittlerweile kann man sich diese Frage sparen, wenn man eine laienhafte Einschätzung der Kompetenzen mitgeteilt bekommen möchte. Das neue Wort für die qualitative Analyse durch Laien ist NETT. Was für ein Anspruch! Auf der Prioritätenliste hat die Eigenschaft NETT die Pole-Position. Fundierte Ausbildung, Erfahrung oder aber besondere diagnostische Fähigkeiten werden vermutlich vorausgesetzt, aber sie werden von sehr vielen nicht als erstes genannt.

Das zeigt sich natürlich auch im zuvor genannten Bereich.

Auch die banalste Mitteilung scheint noch eine Headline wert zu sein. Dies gilt glücklicherweise nur für weniger anspruchsvolle Medien, die sich jedoch nach meiner Empfindung qualitativ immer weiter nach unten bewegen.

Was für unzählige Menschen selbstverständlich im Alltag Raum einnimmt, wird im Kontext mehr oder weniger prominenter Personen als berichtenswert erachtet. Welchen Sinn macht das überhaupt, und besonders welche Bedeutung hat das heutzutage noch, wo sich tatsächliche Fans in den sozialen Medien in den direkten Austausch mit der entsprechenden Person begeben können? Sogar untereinander kann man sich in seiner Bewunderung für jemanden austauschen.

Dies wiederum erzeugt meines Erachtens einen erhöhten Anspruch an die in der Öffentlichkeit stehende Person, die mit Sicherheit sehr viel Zeit investiert, wenn sie ihren Account regelmäßig pflegt, insbesondere, wenn sie hin und wieder einem Fan persönliche Nachrichten schickt, was tatsächlich auch vorkommt.

Dieser Anspruch bezieht sich hauptsächlich auf die investierte Zeit und auf die Erwartung, dass sich die prominente Person ihrem Publikum öffnet. Dass dieser deutlich gestiegen ist im Vergleich zu früheren Zeiten, in denen Telefone noch in der Wand „an die Leine gelegt" und Briefe mit Autogrammwünschen an das Postfach eines Fanclubs gesendet wurden, wird wohl kaum jemand ernsthaft bezweifeln wollen.

Auch immer neue mehr oder weniger bekannte Menschen wie Influencer oder andere, die sichvor der Kamer als Würstchentester, Urlauber, Dschungelcamper, Auswanderer, Frauentauscher oder was auch immer präsentieren, sind durchaus aktiv in den Medien unter der Voraussetzung, dass sie vorher in irgendeiner Form aufgefallen sind. Der inhaltliche Anspruch dieses Auffallens wiederum ist im Verlauf der Jahre nicht unbedingt gestiegen. Eine Ausnahme bilden hier beispielsweise die Casting-Shows für Musiktalente. Wer dort gewinnt oder auf den vorderen Plätzen rangiert, fällt wirklich durch Leistung auf.

Bei den zuvor genannten Sendeformaten handelt es sich in vielen Fällen um reine Selbstvermarktung von Personen rund um Banalitäten, die man selbst im Alltag für kaum erwähnenswert erachtet. Was nun daran genau das Besondere sein soll, das den jeweils handelnden Personen zu prominenter Stellung verhilft, erschließt sich mir trotz aller Bemühungen nicht. Aber es gibt inzwischen ziemlich viele von der Sorte, und ich frage mich gelegentlich, ob ich die Einzige bin, die von 20 dieser Prominenten höchstens zwei irgendwo beiläufig wahrgenommen hat. Wenn ich mich auf diesem Small-Talk-Level, wie es seit einigen Jahren in den Medien geboten wird, bewegen möchte, dann reicht es, die nächstgelegene Kneipe aufzusuchen oder mich bei trockenem Wetter im Freien unter die Menschen in meinem Viertel zu mischen. Da erlebe ich darüber hinaus mehr Authentizität, und bei diesen Gesprächen wird garantiert auch nichts rausgeschnitten. Ein weiterer Unterschied besteht auch darin, dass sich hier keiner für so immens wichtig hält, dass die Gespräche später „geteilt" werden, wie es in Zeiten von Social Media heißt, am besten noch weltweit.

Wie an anderer Stelle bereits erwähnt, muss man sich mit all diesen Selbstdarstellungen nicht beschäftigen, aber es ist nahezu unausweichlich, dass man teilweise etwas davon mitbekommt. Dass einige auf diese Weise ein kleines oder sogar größeres Vermögen aufbauen können, sei jedem gegönnt. Ob die Verhältnismäßigkeit gegenüber anderen, zweifellos relevanteren Tätigkeiten, dabei noch gegeben ist, steht auf einem anderen Blatt und darf kritisch hinterfragt werden.

Dass beispielsweise ein junger Mann, der sich selbst zum „ Anzeigenhauptmeister" ernennt, durch permanentes Melden von Falschparkern Kapital anhäuft, weil er sich ganz offensichtlich in seiner Rolle gefällt und dieser Reichtum auf seine Selbstvermarktung im Netz gründet, halte ich durchaus für fragwürdig. Wenn sich in der Folge immer mehr Daumen über seinen Veröffentlichungen senken, dann wäre von seiner Seite anstelle von Selbstmitleid wegen „Hass" ein wenig Selbstreflexion wünschenswert. Ich setze dieses Wort bewusst in Anführungsstriche, weil mir heutzutage oft die differenzierenden Abstufungen fehlen zwischen Kritik, unangenehmen und/oder ironischen Anmerkungen, Vorwürfen, direktem Hinterfragen oder tatsächlichem Hass, den es unbestritten gibt und der selbstverständlich abzulehnen ist. Dass mittlerweile dieser Begriff für alles herhalten muss, was als negative Reaktion empfunden wird, trifft nicht auf meine Zustimmung, und damit bin ich vermutlich nicht allein auf Robinsons Insel.

Dazu kommt aus meiner SichtLetzteres ist selbstverständlich abzulehnen. Auch ich habe mit diesem Begriff meine Erfahrung gemacht, als mir jemand aus meinem näheren Umfeld, wenn auch nicht ernst gemeint, an den Kopf warf: „Dafür habe ich dich letztens schon gehasst."

Was ist das für eine Aussage? Wie leichtfertig geht da jemand mit einem Begriff um, der genau genommen jede vernünftige Kommunikation unter dem Bekenntnis zu vollständiger Ablehnung seines Gegenübers begräbt.

Positiv hervorzuheben sind meines Erachtens unter anderen diejenigen, die mit ihren Videos wertvolle Tipps geben zu handwerklichen Aktivitäten inklusive Kochen und Backen.Ohne diese Hilfe können manche alltäglicheTätigkeiten für manche zu einer Herausforderung werden. Auch die Zusammenfassung von Berichten über politische Themen aus unterschiedlichen Medien oder Reiseberichte können durchaus eine Bereicherung sein.

Der Anspruch an die Perfektion dieser Menschen ist oftmals durchaus hoch, für diejenigen, die zuschauen und davon profitieren hingegen weniger. Während man sich vormals selbständig einer Herausforderung kreativ stellen oder alternativ durch Lesen und Verstehen von Ratgebern in gedruckter Ausgabe behelfen musste, ist die Umsetzung der im Video präsentierten Handlung eine reine Imitation und somit wesentlich einfacher.

Das ist überhaupt nicht abwertend gemeint, sondern soll nur ein gedanklicher Impuls sein, über die eigene Bequemlichkeit nachzudenken, die man dabei entwickeln kann. Ja, auch ich! Wahrscheinlich sogar besonders ich selbst! Ich bekenne, dass auch ich auf dem Smartphone über Youtube herausfinden musste, wie ich die Motorhaube meines Autos öffnen kann, um das Laub zu entfernen, das sich darunter angesammelt hatte. Mit ein bisschen mehr Geduld und Fummelei am Frontbereich wäre mir dieser bescheidene Erfolg ebenso sicher gewesen. Warum kompliziert, wenn ich es einfacher haben kann, ist dann zugegebenermaßen das Motto.

Die Möglichkeit, jederzeit auf Smartphone und Tablet zu schauen, kann sich leicht zur Gewohnheit entwickeln. Kurz angeklickt, schnell gelesen, und sehr bald ist es vergessen, wenn es keine wichtige Nachricht war. Somit kann fast jeder schnell selbst zu einer gewissen Oberflächlichkeit verführt werden. Wie ergeht es dann erst den unzähligen

Autoren, die quasi rund um die Uhr etwas produzieren sollen, das die Aufmerksamkeit möglichst vieler Nutzer anzieht?

Ein Teil derer, die damit aufwachsen (mit Sicherheit jedoch nicht alle), gewöhnt sich unter Umständen kontinuierlich an den bequemen Luxus der jederzeit möglichen Recherche in Sekundenschnelle. Das entlastet den kognitiven Speicher, den jeder in Form seines eigenen Gehirns mit sich trägt. Was individuell dabei herauskommen kann, zeigt sich in Straßenumfragen in Videos aus den USA: junge Menschen, die teilweise die Zeit auf einer analogen Uhr nicht mehr lesen und nicht mehr als zwei Kontinente benennen können. Manche finden es sogar sehr lustig und freuen sich, dass sie im Video zu sehen sind.

Ich habe die immer stärkere Befürchtung, dass wir allmählich ebenfalls auf diesem Weg sind, wobei die oberflächliche Nutzung des Internets sicherlich nur ein Teil des zugrunde liegenden Problems ist. Womit sich diese jungen Menschen dagegen bestens auskennen, ist eben alles, was aktuell über celebrities – wie sie in den Staaten heißen – zu erfahren ist. Darüber sind sie komplett im Bilde, im wahrsten Sinne des Wortes. Ich möchte betonen, dass ich diese Gruppe nach wie vor für eine Minderheit halte. Sehr oft begegne ich Menschen der sogenannten Generation Z, die aufgeweckt, aufmerksam, freundlich und vielseitig interessiert sind. Der zuvor genannten Gruppe jedoch scheint es sehr wichtig zu sein, welche Tattoos ihr Idol sich hat stechen lassen und welche Äußerlichkeiten generell den jeweiligen Typ Star ausmachen.

Neu ist das nicht, aber die Neuigkeiten heute eben jederzeit abrufbar. Die Zeiten, in denen man auf das Erscheinen der neuesten Bravo warten musste, um das Starposter auszuschneiden und die Diskussionen mit den Eltern hinsichtlich der nach ihrer Ansicht unsäglichen Frisuren über sich ergehen lassen musste, sind definitiv vorbei, was an sich in Ordnung ist. Es war nämlich durchaus nicht immer einfach, sich als Alternative zu Udo Lindenberg oder Mick Jagger die Aufzählung der Vorzüge von Heintje anhören zu müssen, der nach Ansicht unserer Eltern sowieso viel besser drauf war als wir. Damals versuchten sich Eltern uns gegenüber als „Influencer", meist mit eher mäßigem Erfolg, aber dafür live.

Heute haben Heranwachsende glücklicherweise diesbezüglich freie Bahn auf dem Smartphone.

Die damit verbundenen Nachteile sind wiederum andere.

Regelmäßig und unausweichlich

Dass es neben den elektronischen noch immer Printmedien gibt, die über jedes noch so kleine Ereignis berichten, erstaunt mich. Der Kreis derer, die nicht mit Smartphone oder Tablet vertraut sind, wird sukzessive kleiner. Aber trotzdem scheinen sich diese meist sehr bunt bebilderten Blätter noch zu verkaufen. Sonst würden sie längst nicht mehr angeboten. Auf beiden Kanälen scheinen diese Inhalte jedenfalls einigen Menschen durchaus irgendeine positive Ablenkung oder aber einen Aufreger für den individuell eher eintönigen Wochenrhythmus zu bieten. Aus dem Hamsterrad raushelfen wird es der Mehrheit allerdings nicht, und genau das ist eben gleichzeitig kritikwürdig.

Dass eine prominente Stellung innerhalb der Gesellschaft aber auch hilfreich eingesetzt werden kann, zeigt das Beispiel des früheren Designers (damals nannte man ihn noch Modeschöpfer) Rudolph Moosham mer. Über seinen Lebenstil, seinen persönlichen Geschmack und die vermenschlichende Haltung zu seinem quirligen Terrier scheiden sich sicherlich die Geister. Aber zwei Eigenschaften kann ihm niemand absprechen: Seine Bodenständigkeit hinsichtlich seiner Herkunft und sein soziales Engagement für Menschen, denen es alles andere als gut geht.

So betonte er immer wieder, wie sehr ihn die ausweglose Lage seines obdachlosen Vaters prägte, die dazu beitrug, dass er sich für wohnungslose Menschen einsetzte. Dieser Einsatz beschränkte sich nicht auf großzügige Spenden. Vielmehr suchte er einige von ihnen auch persönlich auf. In einem Bericht des „Tagesspiegel" vom 14.01.2015 wird an ihn erinnert und dabei betont, dass er Obdachlose zu Weihnachten besuchte und mit Geschenken erfreute Überdies bedachte er sie auch testamentarisch. Vergleichbare Beispiele hat es immer gegeben, und sie existieren auch heute noch. Meist wird aber aus diesen Kreisen darüber wenig kundgetan, denn Hilfsbereitschaft ist für diesen Personenkreis sicherlich etwas ganz Selbstverständliches.

Wahrscheinlich gilt dies ebenso für andere, die über ihre Wohltätigkeit kaum ein Wort verlieren, aber in anderer Hinsicht ständig präsent sind und mitunter den Eindruck erwecken, als hätten sie ein wenig die Bodenhaftung verloren. Vielleicht liegt es hauptsächlich an manchen Journalisten und der Art ihrer Berichterstattung, aber im Ergebnis ändert das nichts daran, dass jemand maßlos, undankbar, realitätsfremd, arrogant oder einfach wenig sympathisch erscheint.

Es ist absolut verständlich, dass ein Mensch, dem es in irgendeiner Hinsicht nicht gut geht, öffentlich seinen Kummer, seinen Frust oder seine Zweifel mitteilt. Das ist menschlich und mitunter für andere, unbekannte Menschen inmitten der Gesellschaft, sogar tröstlich, wenn sie sich in einer vergleichbaren Lebenssituation befinden.

Geschieht dies aber nahezu täglich, kann es dagegen schwierig werden mit dem Verständnis.

Warum gefühlt über immer dieselben Stars, Sternchen, Celebrities – oder wie immer sie bezeichnet werden – in Dauerschleife berichtet wird, kann ich mir nicht erklären. Wer gern Wetten abschließt, hat hierbei gute Chancen auf einen Gewinn. Nun ja, oder vielleicht auch nicht, wenn jeder auf dieselben Namen setzt.

Ein paar Namen, die allgegenwärtig sind, habe ich bereits genannt, und es geht mir überhaupt nicht um eine Bewertung dieser Personen. Erstens liegt mir dies fern, zweitens kennt man sie durch all diese Veröffentlichungen noch lange nicht wirklich. Es sind eben diejenigen, die immer wieder erwähnt werden. Es gibt noch einige weitere, aber schlussendlich sind es nicht die Namen, die nach einer Weile durch andere, neuere ersetzt werden. Was mich irritiert und mich letztlich zu der Thematik dieses Buches angeregt hat, ist die Verhältnismäßigkeit zum Alltag anderer Menschen, besonders in schwierigen oder extrem belastenden Situationen.

Probleme kann jeder bekommen. Die plant niemand. Den Umgang damit trainiert sicher auch keiner zuvor, warum auch? Kein Mensch erträumt sich ein Leben voller Hindernisse. Wenn aber eines Tages ersichtlich ist, dass sich einiges zusammengebraut hat und sich zeigt, dass der Eigenanteil an dieser Entwicklung eine Rolle spielt, ist es sicherlich nicht fair, nur anderen die Schuld daran zu geben. Das gebietet nicht nur die Fairness Mitmenschen gegenüber, sondern es ist für die Krisenbewältigung auch wenig hilfreich.

Ein weiterer Name sei in diesem Kontext genannt. Marmor, Stein, und Eisen bricht – ein Schlager von 1965 – war damals über Jahre in allen früher üblichen Musikboxen enthalten. Als Kinder hörten viele von uns in die Jahre Gekommenen dieses Lied ständig, und der Sänger Drafi Deutscher startete damit eine beachtliche Karriere. Er textete und komponierte auch, so dass er sich mit seinen Erfolgen einiges leisten konnte. Irgendwann wurde es recht ruhig, man erfuhr nichts mehr von ihm, bis eines Tages Nachrichten von finanziellen Problemen die Runde machten. Ich erinnere mich an ein Fernsehinterview, in dem er Jahre später, als er einen Neustart begann, darauf angesprochen wurde. Wie es denn zu den Finanzproblemen kommen konnte, war die Frage des Moderators. Die Antwort habe ich noch heute im Kopf, weil sie von Ehrlichkeit und Selbstkritik sowie Humor aber auch von erstarktem Tatendrang geprägt war: „Ich habe vom Feinsten gewohnt, vom Feinsten gemampft, und irgendwann war alles weg." So oder sehr ähnlich war der Wortlaut.

Mit diesem Statement wurde niemand anderer beschuldigt, er hatte mit dieser Zeit abgeschlossen und fand schnell wieder zu neuen Erfolgen.

Uli Hoeneß musste für sein Fehlverhalten mit einer Haftstrafe büßen, hat diese klaglos absolviert, und nun startet er neu durch. Alfons Schuhbeck befindet sich noch in Haft, ebenfalls wegen Steuerhinterziehung, und auch er fällt nicht etwa durch Wehklagen auf, sondern akzeptiert seine missliche Lage. Sie machen keinen Unterschied zu unbekannten Menschen, denen das auch passiert ist. Das verdient Anerkennung, und das Recht auf Resozialisierung hat jeder.

Fragwürdig und bei sehr häufiger Medienpräsenz provozierend ist nur das Ausspielen der Opferkarte, unabhängig davon ob sie mehr durch die Medien oder die Person selber gezückt wird.

Im Vergleich zu Prominenten, denen nach schwierigen Zeiten in aller Regel einige Türen geöffnet werden, müssen viele Menschen ganz andere Hürden überwinden, aus dem einfachen Grund, dass sie keine Kontakte zu einflussreichen Menschen haben.

In diesem Buch möchte ich einige dieser Menschen vorstellen. Manche sind mir nur kurz begegnet, haben aber einen bleibenden Eindruck hinterlassen. Andere kenne ich schon lange, und wieder andere habe ich durch die Arbeit am Buch kennengelernt.

Mit Rücksicht auf die jeweilige Lebenssituation des Einzelnen und im Hinblick auf möglicherweise damit verbundene Probleme mit ihrem Umfeld habe ich manche Namen in Absprache mit den Betroffenen geändert. Andere werden mit ihrem tatsächlichen Vornamen genannt, weil sie ihre Zustimmung dafür gaben. In einem Fall werden Vor- und Nachname erwähnt, weil über diese Person etliche Zeitungsartikel in der Auslandspresse erschienen sind, und sie mir die Erlaubnis erteilte, entsprechende Inhalte zu übersetzen und über sie zu erzählen.

Wenn ich mich zurückbesinne, waren die Talkshows der Neunzigerjahre in ihrer Grundidee zunächst ein guter Ansatz, sich neben den Meldungen über Prominente aus unterschiedlichen Bereichen auch Menschen aus der Mitte der Gesellschaft zu widmen und ihnen ein Sprachrohr anzubieten. Leider gab es dabei sehr schnell ein Überangebot an miteinander konkurrierenden Sendungen und in der Folge ein nachlassendes Interesse von Seiten den Publikums, zumal die Teilnahme finanziell angemessen honoriert wurde und somit immer mehr Zweifel an der Ehrlichkeit einiger Darstellungen aufkam. Auch ließ das Niveau schnell nach, und interessante Themen gab es angesichts des Überangebotes auch kaum noch. Ich bedaure es durchaus, dass hier eine Chance verpasst wurde, einigen Menschen in Problemlagen durch ihre öffentliche Einlassung zu helfen, sei es durch Vermittlung einer Arbeitsstelle, einer Wohnung oder einer anderen Verbesserung ihrer Situation.

Im Folgenden möchte ich mit den Menschen beginnen, die mir nur kurz und ein einziges Mal begegnet sind, mich aber in der Kürze des Moments nachdenklich, neugierig und oft auch demütig gemacht haben. Auch wenn diese Begegnungen teilweise viele Jahre her sind, ändert es nichts daran, dass ich mich auch heute noch daran erinnere und nach wie vor beeindruckt bin.

Kurze Begegnungen mit nachhaltigem Eindruck

In den Jahren kurz nach dem Jahrtausendwechsel arbeitete ich im Ruhrgebiet und pendelte täglich mit der Bahn vom linken Niederrhein, der unter Insidern als „Hippeland“ bekannt ist, auf die rechte Rheinseite. Dort musste ich zur kurzen Weiterfahrt umsteigen. Da Bahnfahren schon damals mit Geduldsproben verbunden war und der Zug am Wohnort nur stündlich verkehrte, startete ich sehr früh, um auf jeden Fall einen passenden Anschluss zu bekommen und pünktlich bei der Arbeit zu erscheinen. An den Tagen, in denen sich dieser Plan mal wieder als goldrichtig erwies, blieb noch Zeit für einen Kaffee am Bäckereistand des Großstadtbahnhofs.

An einem Morgen kurz vor sieben Uhr stand ich also dort mit meinem Becher inmitten einiger anderer, die ihren Schlaf abgebrochen hatten, um irgendwo ihrem Broterwerb nachzugehen. Als Kind fand ich dieses Wort immer eigenartig, aber morgens früh in der Bäckerei am Bahnhof mutierte es für mich spät, aber immerhin doch noch zu einer durchaus sinnvollen Umschreibung des Geschehens rund um die Arbeit und den damit verbundenen Aufwand.

Zu dieser Zeit, die noch nicht so lange zurückliegt, blickte noch niemand permanent nach unten auf sein Mobiltelefon. WhatsApp gibt es erst seit 2009. Aus meiner Sicht ist genau das die Erklärung dafur, dass mittlerweile kaum noch jemand den Blick vom Smartphone abwendet. Viele nehmen die Menschen um sich herum kaum noch wahr. Social funktioniert sozusagen nur noch über Media. In echter Begegnung nimmt es ab. Sogar die Ohren sind zugestopft nach dem Motto: Sprecht mich bloß nicht an! Für mich hat dieses Verhalten im öffentlichen Raum Züge von Selbstausgrenzung angenommen.

Aber das nur am Rande. Damals gestaltete sich dort am Hauptbahnhof die Begegnung mit anderen Menschen noch ein wenig anders.

Kaum einen Meter von mir entfernt stand ein Mann, den ich wegen seiner angenehmen Ausstrahlung und seines auffallend guten Aussehens beobachtete. Er gefiel mir, wie er in seinem gut sitzenden hellen Mantel freundlich seine Bestellung bei der Verkäuferin aufgab . Nur seine Hände wollten nicht recht in sein gepflegtes Gesamtbild passen. Bestimmt geht er einer Arbeit nach, die ihre Spuren hinterlässt, dachte ich mir. Just in diesem Moment übertönte die Stimme eines Mitfünfzigers die Szene: „Nee, danke, Wechselkleinkram können Sie behalten. Den Schrott brauche ich nicht. Für mich zählen nur Scheine."

Offensichtlich verzichtete er auf sein Rückgeld, schien aber seine gesicherten finanziellen Verhältnisse einer ganzen Gruppe mitteilen zu wollen, statt dezent ein kleines Trinkgeld zu hinterlassen.

Es gibt Regionen, in denen in solchen Situationen nicht weiter gesprochen wird. Im Ruhrgebiet und im Rheinland funktioniert das allerdings anders. Was jeder hören kann, kann auch jeder kommentieren. Deshalb ergeben sich oft Gespräche mit Menschen, die man noch nie zuvor gesehen hat, wobei die Unterhaltung mitunter so verläuft, als würde man sich schon lange kennen.

So ergab es sich, dass der freundliche Typ mit den beanspruchten Händen reagierte, höflich im Tonfall, gut artikuliert und den Angesprochenen zum Nachdenken auffordernd: „Entschuldigen Sie bitte! Ich habe aufgrund Ihrer kräftigen Stimme mitgehört und würde Sie gern etwas fragen." Sein Gegenüber schien ein wenig peinlich berührt zu sein, hörte aber sehr aufmerksam zu. „Könnten Sie sich eventuell vorstellen, dass es Menschen gibt, für die dieser Schrott, wie Sie ihn nennen, einen Tag Überleben bedeutet? Einen Tag mit einer Handvoll Pommes oder einem Brötchen? Es ist nett, dass Sie es als Trinkgeld überreichen, aber Sie sollten es auch dabei vielleicht mehr achten."

Es war zunächst schlagartig still, und kurz darauf unterhielten sich einige darüber. Der Großzügige stimmte nachdenklich zu und ging kurz darauf.

Mich hatte das neugierig gemacht. Was war das für ein interessanter Mensch, der sich so äußerte? Sozialarbeiter war mein erster Gedanke.

Sozialarbeiter mit Kleingarten, deshalb die Hände. Da ich auch aus der Region des Kabarettististen Hanns Dieter Hüsch stamme, der in seiner unnachahmlichen Art diese regionale Eigenheit beschrieb, halte auch ich (meistens) nicht den Mund in einer solchen Situation. Also bestärkte ich den freundlichen Mann in seiner Aussage, und wir kamen ins Gespräch.

Ich habe ihn bis heute nicht vergessen.

„Ich bin obdachlos mit Perspektive“, begann er seine Situation zu schildern. Ein Blick auf die Uhr zeigte mir, dass wir noch 10 Minuten hatten. In solchen Momenten hätte ich gern meinen Beruf eingetauscht gegen den einer Sozialarbeiterin. Aber insgesamt habe ich meine Arbeit doch all die Jahre gern gemacht. Dieser interessante Mann hatte Jahre zuvor seine Arbeitsstelle verloren und konnte längerfristig seine Miete nicht mehr bezahlen. Irgendwann begann der Teufelskreis, von dem jeder schon mal gehört hat: Ohne Wohnung keine neue Arbeit, ohne Arbeit keine Wohnung. Von Unterstützung in Form von staatlicher Fürsorge – egal, ob sie nun Sozialhilfe, Hartz 4 oder wie auch immer hieß – hielt er nach seinen Worten nichts, oder jedenfalls nicht für sich. Das verbot ihm sein Stolz.

Es gelang ihm, durch unterschiedliche Aktivitäten auf der Straße, immerhin so viel einzunehmen, dass es zum Leben auf der Straße reichte. Alkoholsucht kannte er nicht, so dass seine körperlichen Kräfte weniger schnell nachließen als bei Obdachlosen, die damit Probleme haben. Dadurch gab er auch nie auf und glaubte immer an eine Verbesserung seiner Situation.

Irgendwie erinnerte er mich an die fiktive Person des „Pimann“, des Obdachlosen aus einem Kinderbuch des von mir sehr geschätzten Autors und früheren Lehrers und Schulrats Willi Fährmann, das Lukas Ruegenberg mit eindrucksvollen Bildern illustrierte. Ich fühlte mich ein wenig wie das kleine Mädchen Pia, das in dem Buch Pimann kennenlernte und neugierig auf ihn und seine Art zu leben war.

Seine Perspektive erfreute mich. In den wenigen verbleibenden Minuten erfuhr ich, dass er es geschafft hatte, so viel anzusparen, dass es für die Anmietung einer winzigen Wohnung reichte. Am Tag zuvor hatte er den Mietvertrag unterschrieben und gleichzeitig einen Wohnungseigentümer gefunden, der ihm eine Chance gab und ihm half, eine neue Arbeit zu bekommen. Was für ein Erfolg!

Ich hoffe sehr, dass er sein Glück gefunden hat und bin seit dieser Begegnung stärker sensibilisiert gegenüber Menschen in ähnlicher Situation. Was ich mitunter als schwierig empfinde, ist der Umstand, dass nach meiner Erfahrung nicht alle ehrlich sind. Wenn beispielsweise Kinder instrumentalisiert werden, die zu schauspielerischen Darstellungen gezwungen werden, um Armut vorzutäuschen, dann wühlt mich das extrem auf. Am Bodensee hatte ich eine solche Begegnung. Mir fiel zunächst eine Frau auf, die Kinder bedrängte und regelrecht aggressiv anbettelte, und in der Folge ein noch recht kleines Mädchen im Rollstuhl mit einem leeren Becher in der Hand.

Auf dem Rückweg sah ich das Kind neben dieser Frau umherhüpfen, die offensichtlich die Mutter war. Die Mutter trug den zusammengeklappten Rollstuhl. Unabhängig davon, wie Menschen in solch eine Situation kommen, halte ich es für zweifelhaft, ob man ihnen mit einer Spende tatsächlich hilft. Denn es ist anzunehmen, dass sie nicht für sich allein handeln und ohnehin alles wieder abgeben müssen.

Generell liegt es immer im Ermessen jedes Einzelnen, ob er etwas geben möchte oder nicht. Allen kann kann ein Einzelner ohnehin nicht helfen.

Ein anderer namenloser Fall, an den ich mich erinnere, liegt noch nicht lange zurück. Schönstes Wetter lockte mich nach draußen in die grüne Umgebung meiner Wohnung. Es war Schützenfest, wobei dies nicht unbedingt ein Hinweis auf einen besonderen Monat ist. Ich wohne noch nicht sonderlich lange in dieser Stadt, die mir sehr gut gefällt, aber für Zugezogene wirkt es mitunter so, als sei in Neuss gefühlt immer Schützenfest, was natürlich an der Anzahl der unterschiedlichen Bezirke liegt mit ihren jeweils eigenen Vereinen. Diese Tradition ist hier sehr beeindruckend und sehenswert. Nicht umsonst ist sie über die Grenzen der Stadt hinweg bekannt.

Es war also einiges los unterwegs, und auf einer Bank genoss ich die Sonne ebenso wie ein Mann auf der Bank nebenan. Er war kurz nach mir mit einem voll beladenen Fahrrad gekommen. Erst kurze Zeit später begriff ich, dass er seine gesamte Habe transportierte.

Da wir beide eindeutig nicht der Generation zuzuordnen sind, die in dieser Situation wahrscheinlich das Smartphone zur individuellen Einzelunterhaltung gezückt hätte, entstand zwischen uns ein längeres Gespräch. Es begann damit, dass wir uns beide ein wenig amüsierten über den unsicheren Gang eines einzelnen Schützen, der mit ziemlicher Sicherheit durch das ein oder andere schmackhafte Schlückchen verursacht worden war. Er schlug sich wacker bei dem Versuch, eine gerade Linie auf dem Weg hinzubekommen, aber da gab es noch reichlich Luft nach oben.

Mein Banknachbar konstatierte, dass Wasser zum Durststillen wohl doch der zuverlässigere Begleiter sei. Sein Drahtesel trug auch brav einige Liter davon. Plötzlich fragte er mich, ob ich wüsste, warum er so viel mit sich herumschleppte. Mit dieser Art von Fragen bin ich aufgewachsen. Sie sind typisch für die recht kommunikativen Menschen dieser Region.

Der Klassiker heißt: „Weißt du schon, wer gestorben ist?" Die Antwort lautet zwangsläufig immer: „Nein." Anders gestaltet sich die glasklare beständige Ja-Erwiderung auf die Begrüßung einer Familie auf Fahrrädern mit den Worten: „Na, macht ihr 'ne Radtour?"

Meine Eltern empfanden diese Art von Äußerungen immer als recht gewöhnungsbedürftig, denn die Radtour war ja deutlich sichtbar. Sie stammten beide aus anderen Gegenden Deutschlands. Ich habe sozusagen einen gemischten innerdeutschen Migrationshintergrund, unter anderem einen bayerischen.

Mit der Antwort auf die Transportfrage war ich überfordert, denn das sehr gepflegte Äußere meines Gesprächspartners deutete absolut nicht darauf hin, dass es für ihn mit einigem Aufwand verbunden war, sich so herzurichten. Auf meinen fragenden Blick hin eröffnete er mir, dass er obdachlos sei. Zu der Zeit befasste ich mich bereits mit dem Gedanken an dieses Buchprojekt und erwähnte es ihm gegenüber, worauf er sehr interessiert reagierte. Wir hofften beide, uns einmal wiederzusehen, damit ich mir Notizen machen könne. Bis heute ist es mir leider nicht gelungen, ihn wiederzufinden. Aber seine Offenheit und selbstkritische Haltung gefielen mir sehr. Ich erinnere mich noch sehr genau an seine Worte.

Nach Verlust seiner Arbeitsstelle konnte er sich seine Wohnung nicht mehr leisten und landete schließlich, wie auch der Mann vom Bahnhofscafé im Ruhrgebiet, auf der Straße mit all den Problemen, unter denen diese Menschen zwangsläufig leiden. Bei ihm kam allerdings hinzu, dass er Aggressionen entwickelte, die er nicht mehr gänzlich steuern konnte. „Ich war so blöd und habe gemeint, dass Konflikte mit

Fäusten lösbar wären," habe ich als eine seiner Aussagen noch im Ohr. „Aber ich habe aus der Zeit im Knast viel gelernt und kam mit besten Vorsätzen dort wieder raus."

Um einen Neustart war er offensichtlich sehr bemüht, und während unseres Gespräches hörte ich nicht einen einzigen Vorwurf gegenüber anderen Menschen, die ihm gegenüber nicht fair gewesen wären und einen Beitrag zu seiner Situation geleistet hätten. Auch ein Suchtproblem hatte er nie. So sehr wünsche ich ihm, dass er eine Chance bekommt, eine Chance auf Wohnung und Arbeit. Die angebotenen Unterkünfte, um duschen zu können, nutzt er regelmäßig, aber längere Aufenthalte dort lehnt er ab. Das habe ich inzwischen von mehreren Betroffenen gehört. Als Außenstehende denken vielleicht einige, dass die Betroffenen in ihrer schwierigen Situation zusammenhalten. Das entspricht jedoch offenbar nicht der Realität, zumindest nicht flächendeckend. Demzufolge hält er sich dort nur kurz auf.

Wie er mir erzählte, hatte sich einige Jahre zuvor eine vielversprechende Chance für ihn aufgetan. Er bemühte sich gerade um eine Arbeit und bekam nach einer ersten telefonischen Kontaktaufnahme auch einen Rückruf. Ein Termin zur Vorstellung wurde ihm mitgeteilt. So nahm er tags zuvor alles, was er noch an Geld aufbringen konnte, um eine Nacht im Hotel zu verbringen. Der Grund war einleuchtend. Er wollte ausgeschlafen und gepflegt zum Vorstellungsgespräch erscheinen. Dieses verlief offensichtlich auch sehr positiv und gab ihm ein Gefühl der Hoffnung auf die ersehnte Wende zum Besseren. Doch bekam er gegen Ende des Gesprächs leider den typischen Teufelskreis der Obdachlosigkeit mit voller Wucht zu spüren. Auf die Frage nach einer festen Adresse und einer Kontonummer für die Überweisung des Lohns erklärte er seine Lage und berichtete von der Hotelübernachtung. So ging er mal wieder leer aus. Die Hoffnung auf ein neues Angebot hatte er zum Zeitpunkt unseres Zusammentreffens aber nicht aufgegeben. Möglicherweise wendet sich für ihn tatsächlich das Blatt. Damals galt noch die Regelung, dass Hartz-IV-Empfänger als Voraussetzung für den Bezug von Grundsicherung eine Postanschrift vorweisen mussten. Also blieb ihm auch diese Sozialleistung bis Ende 2022 verwehrt.

In einem Bericht des Südkurier vom 22.08. 2024 schreibt Patrick Freiwah:

„Obdachlose haben in Deutschland prinzipiell Anspruch auf Bürgergeld." Und weiter: „Im Sozialgesetzbuch ist verankert, dass auch für obdachlose Menschen die Jobcenter zuständig sind." In dem Artikel erklärt er die Neuregelung, nämlich dass „potenzielle Leistungsberechtigte keine Post- bzw. Wohnadresse mehr angeben" (müssen), „weil der Gesetzgeber den entsprechenden Passus aus dem SGB II entfernt hat."[4]

Daraus ergibt sich allerdings, dass wohnungslose Menschen sich regelmäßig beim Jobcenter melden müssen, damit ein Kontakt möglich ist und bleibt. Dies sollte sich längerfristig auch auf die Jobsuche auswirken.

Der Zusammenhang zwischen Arbeit und Wohnung ist schon seit vielen Jahren ein großes Problem. Das bleibt es leider wahrscheinlich zunächst auch. Wie soll ein Mensch aus diesem Dilemma herausfinden, wenn eines das andere bedingt? Wenn einer der beiden Knackpunkte gelöst werden kann, bedeutet das einen Start in ein besseres Leben. Aber womit kann begonnen werden? Mit einem Job? Wie soll das jemand schaffen unter den Bedingungen, die ein Leben draußen im Freien mit sich bringt? Ausgeruht und tatkräftig seine Aufgaben am Arbeitsplatz erledigen ist da kaum bis gar nicht möglich.

Ideal wäre es, zuerst eine Wohnung zu finden. Aber die muss man sich leisten können, was vor der Arbeitsaufnahme nicht möglich ist. Ganz davon abgesehen, dass die kaum zu bekommen ist aufgrund anderer Bewerber, die Unterlagen über ein regelmäßiges Einkommen vorweisen können. Für Arbeitgeber gestaltet es sich auch nicht einfach, denn sie müssen ebenfalls Vertrauen fassen können. Wer nicht sicher ist, ob der neue Arbeitnehmer bereits nach wenigen Tagen nicht mehr erscheint und ohne feste Adresse eventuell gar nicht mehr erreichbar ist, zeigt sich vermutlich zurückhaltend bei der Vergabe des angebotenen Arbeitsplatzes. Auch dies ist letztlich immer mit einigem Aufwand verbunden.

Bei aller Kritik, die es im Zusammenhang mit der Bürgergeld-Regelung gibt, schafft diese Neuerung möglicherweise schrittweise eine Verbesserung der Lebenssituation dieser Menschen. Wohnungen sind rar und begehrt, aber wenn zumindest die Kontaktmöglichkeiten andere sind als zuvor, so erscheint wenigstens ein kleines bisschen Licht am Ende des Tunnels. Voraussetzung ist dabei auch, dass jemand dieses Licht auch sehen und tatsächlich einiges an seiner Lebenssituation ändern möchte. Manche richten sich nach einer Weile dauerhaft in ihrer schwierigen Situation ein und sind für Beratung und Hilfe nicht mehr offen. Sie sind in diesem Teufelskreis gefangen.

Projekte wie die der Emmaus-Gemeinschaft sind ein gutes Beispiel für eine Maßnahme, die Chancen eröffnet, um aus diesem Teufelskreis herauszufinden. Am Niederrhein habe ich selbst mehrfach dort gebrauchte Möbel gespendet, aber auch manches auf dem regelmäßig stattfindenden Trödelmarkt gekauft. Menschen in Not, die bei Emmaus Aufnahme finden, arbeiten dort, bereiten Möbel auf, verkaufen auf dem Markt, betreiben an den Markttagen eine kleine Kaffeestube und kümmern sich um den Wohnbereich und seine direkte Umgebung.

So haben sie eine feste Wohnadresse, Arbeitserfahrung unter fachkundiger Anleitung und von dort eventuell längerfristig die Gelegenheit, einen Job außerhalb von Emmaus zu bekommen.

Es kann durch widrige Umstände und natürlich auch durch eigene Fehler leicht passieren, dass Menschen längerfristig kein Dach mehr über dem Kopf haben. Es ist absolut unangebracht, diesen Menschen gegenüber Verachtung zu zeigen, was leider teilweise vorkommt. Selbst wenn sie zu einem Teil selbst an den Ursachen mitgewirkt haben, sollte nicht in Vergessenheit geraten, dass die Betroffenen dies sicherlich längst bereut haben, aber es leider nicht mehr rückgängig machen können.

Die bisher aufgezeigten Schicksale von Menschen, die wie jeder und jede andere als hilfloses Kleinkind ihr Leben begannen, Träume, Wünsche und individuelle Begabungen hatten, sind von unterschiedlichen Erlebnissen sowie von Begleitumständen geprägt, die sie nicht beeinflussen konnten, und jeder Mensch geht anders damit um.

Ich finde Menschen grundsätzlich interessant, und ein vermeintlich fremde Mensch wirkt im Gespräch auf eine gewisse Weise vertraut, wenn er von sich erzählt. Die beschriebenen Lebensläufe entsprechen mit Sicherheit nicht den Wünschen aus der Kindheit. Doch keiner von denen, die ich in diesem Buch beschreibe, beklagt sich. Natürlich besteht bei ihnen der Wunsch auf etwas Besseres, aber alle geben sich Mühe, das Beste aus ihrer Situation zu machen. Da gibt es nicht mal eben ein Angebot auf eine eigene Sendung im Fernsehen. Wie auch? Dafür sind sie viel zu unbekannt.

Im Folgenden möchte ich von weiteren interessanten Menschen erzählen, die mir namentlich bekannt sind. Mit zweien davon bin ich freundschaftlich verbunden. Mit anderen bin ich an unterschiedlichen Orten ins Gespräch gekommen und habe sie über einen längeren Zeitraum näher kennengelernt. Sie sind alle unterschiedlich, so wie jeder Mensch sich vom nächsten unterscheidet. Alle haben sie schlimme Erlebnisse hinter sich, und jeder und jede einzelne hat seine eigene Strategie entwickelt, mit traurigen, anstrengenden und belastenden Erlebnissen umzugehen und die Herausforderungen des Lebens zu meistern. Mit einer Ausnahme ist niemand von ihnen in den Medien zu finden. Dennoch erscheinen mir ihre Lebensläufe interessant und sind es meiner Meinung nach wert, geschildert zu werden.

Mehr sein als scheinen

Mit dieser bewusst verdrehten Redewendung ist die Biographie einer starken Frau aus dem Badischen wohl ziemlich treffend auf das Kürzeste zusammengefasst. Bevor ich näher auf ihren Lebenslauf eingehe, möchte ich zunächst meine Erinnerungen an einen gemeinsamen Besuch in einem kleinen Restaurant im Schwarzwald wieder aufleben lassen. Dieser erklärt die Überschrift zu diesem Kapitel und ist nur ein Beispiel von etlichen, die zeigen, warum ich sie gewählt habe.

Als ich noch um einiges jünger war, verbrachte ich aufgrund zweier Faktoren, nämlich dem Status des Geldbeutels und Urlaub, regelmäßig einige Zeit im Ländle. Es ergab sich zwangsläufig, aber auch zu meiner Freude, dass ich dabei einigen Menschen immer wieder begegnete. Das geschah insbesondere in den kleinen gemütlichen Restaurants, die ich bis heute sehr mag. Irgendwann kannte ich natürlich nicht nur die eine oder andere Speisekarte nahezu auswendig, sondern auch etliche Menschen, die sich dort tummelten: Köche, Kellnerinnen und Kellner, manche Stammgäste und das Personal, das hin und wieder aushalf. Es war eine sehr schöne Zeit, und zu manchen dieser Menschen habe ich bis heute freundschaftlichen Kontakt; und zu derjenigen, um die es hier geht, den engsten. Da sie sich durch ihren Fleiß, ihre Ehrlichkeit und Offenheit, ihre bewundernswerte Flexibilität, ihre Originalität und geistige Wendigkeit im Laufe der Jahre denselben Bekanntheitsgrad erworben hat wie der oft zitierte „bunte Hund", ändere ich in Absprache mit ihr den Klarnamen in einen von mir erfundenen.

Andernfalls würden sich sonst alle, die sie sofort erkennen würden, die Klinke in die Hand geben und weitere pausenlos anrufen. Das könnte dann durchaus zu viel des Guten werden.

Ich nenne sie im Folgenden Gerlinde, was mich an meine Schulzeit erinnert. Wir waren damals auch nicht rund um die Uhr so diszipliniert und einsichtig, wie manche dies in der Retrospektive darzustellen versuchen. Auch wir wollten gelegentlich unseren Spaß haben und gaben unserem neuen Klassenlehrer zu verstehen, dass seine Namensliste nicht korrekt sei.

Der Zusammenhalt war super. Jeder gab sich Mühe, sich so lange wie möglich an den eigenen Fantasienamen zu halten, was sich schon am dritten Tag nicht mehr so ganz einfach gestaltete.

Es erforderte nämlich ein gerüttelt Maß an Konzentration, sich auch angesprochen zu fühlen, wenn man aufgerufen wurde. Die Umstellung betraf also eher uns als den Lehrer. Für ihn waren wir ohnehin neu. So weit denkt man als pubertierender Neunmalkluger natürlich nicht. Schon nach kurzer Zeit flog der Schwindel auf, zumal der gute Mann logischerweise auch den kürzeren Draht zu Schulleiter und Sekretärin hatte. Dass von uns 30 jungen Spaßvögeln nicht ein einziger daran gedacht hatte, ist mir bis heute ein Rätsel geblieben.

Nur eine einzige Mitschülerin, zu der ich auch noch immer Kontakt halte, hielt deutlich länger durch und behauptete sich noch für einige Zeit mit ihrem Fantasienamen Gerlinde Pringel. An dieser Stelle beste Grüße nach Köln, wo die „harte Nuss" schon lange wohnt. Dieses Ereignis ist über all die Jahre unser Running Gag geblieben.

Nun also mehr zur nächsten Gerlinde, die normalerweise nicht so heißt, und mehrere hunderte Kilometer südlich von Köln lebt. Der zu Beginn dieses Kapitels erwähnte Restaurantbesuch im Schwarzwald fand in einer Gruppe von 8 Personen statt, oder noch genauer und frei nach Loriot: 8 Personen und ein Riesenschnauzer. Dieser Begleiter, der als einziger unter dem Tisch Platz nahm, gehörte einem Ehepaar aus Nordrhein-Westfalen, das auch häufiger in diese Gegend reiste. Sie waren sehr gebildete Menschen, vielseitig interessiert und kontaktfreudig.

Wir unterhielten uns sehr angeregt und ließen auch das ein oder andere anspruchsvolle Thema nicht aus. Gerlindes Beiträge ließen auf gute Allgemeinbildung schließen, und da das Schnauzer-begleitete Ehepaar sie noch nie zuvor getroffen hatte, fragten die beiden sie:

„Gerlinde, was hast du eigentlich studiert?"

In ihrer Ehrlichkeit und Bescheidenheit erwiderte sie zügig: „Nichts. Ich hab immer gearbeitet und dabei ganz verschiedene Tätigkeiten ausgeübt, aber studiert hab ich nicht."

Zu der Zeit war sie in Festanstellung als Reinigungskraft beschäftigt und nahm hin und wieder Nebenjobs an, wenn sie es körperlich und zeitlich noch schaffte. Dazu komme ich später in diesem Kapitel noch, möchte nun aber genauer von ihrem Leben berichten.

Geboren im Dezember 1950, verbrachte sie als Baby zwei Jahre in einem Waisenhaus in Heidelberg. Auf die Frage, ob sie irgendwann in ihrem Leben nach ihren Eltern gesucht habe, entgegnet sie: „Wo hätte ich da anfangen sollen?" Die Möglichkeiten einer Recherche in der damaligen Zeit sind mit den heutigen Gegebenheiten nicht vergleichbar. Mit Hilfe der jetzigen Medien eröffnen sich deutlich mehr Chancen, obwohl immer noch nicht jede Suche zum Erfolg führt. Als Schulkind erfuhr sie später von Menschen aus ihrer Umgebung, die keinen Bezug zu ihrer Familie hatten, von ihrer Adoption im Alter von zwei Jahren.

So erging es früher vielen Kindern. Zum einen war und ist es für Adoptiveltern nicht leicht, den optimalen Zeitpunkt herauszufinden, ihr Kind über seine Herkunft aufzuklären. Das ist eine sehr schwierige Aufgabe. Es ist in jedem Fall schmerzhaft zu erfahren, dass leibliche Eltern ihr Baby nicht behalten wollten, konnten oder durften. Auch für die Adoptiveltern verändert sich sicherlich zunächst emotional die Lebenssituation. Wird unser Kind uns jetzt mit anderen Augen sehen?

Werden wir nun in den Hintergrund gedrängt, weil die Tochter oder der Sohn sich die leiblichen Eltern als Idealbild vorstellen und nun hoffnungsvoll auf die Suche nach ihnen gehen wird? Es ist eine große Aufgabe und erfordert viel innere Stärke und Geduld. Dem möglicherweise idealen Zeitpunkt, mit Gerlinde behutsam über ihre Herkunft zu sprechen, ist das erwähnte Umfeld zuvorgekommen. Die Art und Weise der Mitteilung war alles andere als einfühlsam, was auch nicht unbedingt verwundert, denn wer teilt ohne Absprache mit den Erziehungsberechtigten einem Kind so etwas mit: „Du kommst aus dem Kinderheim. Deine leibliche Mutter wollte dich nicht, weil du von einem Vater bist, der mit einer anderen verheiratet war."

Dieses übergriffige Verhalten der fremden Erwachsenen wäre auch heutzutage noch ein Unding. Damals jedoch wog eine solche Mitteilung in ihrer Wirkung noch schwerer als heute, weil die Moralvorstellungen in der Gesellschaft keine Vielfalt der Lebensentwürfe zuließen. Einen Hinweis darauf gibt der seinerzeit noch immer gültige Paragraph175 des deutschen Strafgesetzbuches, der aus dem Kaiserreich stammte und im Jahre 1871 beschlossen wurde. Er galt im Westen Deutschlands in den Fünfzigerjahren in der überarbeiteten Fassung von 1935. Erst einige Jahre später gab es erste Lockerungen, bis er 1994 gänzlich aufgehoben wurde – nach 123 Jahren.

Das Schuldprinzip bei Ehescheidungen hatte eine gesetzliche Geltungsdauer von 101 Jahren, nämlich bis 1976. Die Reaktionen in der Gesellschaft auf Ehebruch und die Geburt unehelicher Kinder ähnelten oftmals dem Geschehen auf den Bühnenbrettern des Ohnsorg-Theaters von ehedem. „Tratsch im Treppenhaus" – nur war es außerhalb des Theaters alles andere als lustig.

Der Spiegel schrieb in seiner Ausgabe vom 28. Juni 1976: „Die Groteske hat ein Ende. Am 1. Juli tritt die Reform des Unehelichen-Rechts in Kraft. Die unehelichen Kinder, im Volksmund Bastarde, Bankerte, Niemandskinder und im Behördenjargon < u.e.> geheißen, sie sind nun wer vor dem Gesetz." [5] Bis zu dieser neuen gesetzlichen Regelung galten außerehelich gezeugte Kinder als nicht mit dem leiblichen Vater verwandt. Davon war folglich auch Gerlinde betroffen.

Ihr leiblicher Vater nämlich hätte sie allerdings liebend gern in seine Ehe mit der Frau, die nicht ihre Mutter war, aufgenommen. Er war zudem sicher, dass die Stiefmutter das kleine Mädchen geliebt und in keiner Weise benachteiligt hätte. Bei der Gesetzeslage jedoch bestand darauf nicht die geringste Chance, und so kam das Kind in das bereits erwähnte Heidelberger Kinderheim.

An dieser Stelle wies Gerlinde in unserem Gespräch darauf hin, dass ihre leibliche Mutter aus Belgien stammte. Ihr Geburtsname weist auch eindeutig auf eine Herkunft aus dem niederländischen Sprachraum hin. Sie schien auch erfreut darüber, dass die Mutter ihre Tochter Gerlinde später nachweislich suchte. Dies geschah zu ihrer Zeit, die sie in Mannheim verbrachte. So viel konnte sie damals immerhin recherchieren. Verständlich, dass eine solche Erkenntnis zumindest einen kleinen Hauch von versöhnlichem Gefühl auslöst. Wenigstens macht es sicher, dass sie ihre Tochter nicht völlig vergessen hatte. Möglicherweise bereute sie ihre Entscheidung, das winzige Wesen ins Heim gegeben zu haben. Zu einem Treffen kam es jedoch nie.

Das Heim in Heidelberg konnte sie als Zweijährige verlassen, als das Ehepaar S. sie adoptierte. Ein gutes Alter, um sich so von den Eltern angenommen zu fühlen, als seien es die leiblichen. Das zeigt ja auch Gerlindes Erzählung über die Information darüber durch Dritte, wie bereits geschildert wurde. Sie wusste mehrere Jahre später auch nichts mehr von der Zeit im Heim. Dies bedeutet jedoch nicht, dass sie bei Vater UND Mutter das gleiche Maß an Geborgenheit empfand.

Schon sehr früh unterschieden sich die Erziehungsvorstellungen deutlich, und sogar die Wunschvorstellung über das Geschlecht des Adoptivkindes war offensichtlich nicht deckungsgleich gewesen. „Ich wollt' eh lieber e Bua!" entfuhr es der Adoptivmutter des Öfteren im Beisein des Kindes, wenn es zum Streit zwischen den Eltern kam.

Im Laufe der Jahre glich der Vater stets das schwierige Verhältnis zwischen Mutter und Tochter aus. Er war für Gerlinde ein Vater wie aus dem Bilderbuch, verteidigte sie gegenüber den verbalen und gelegentlich auch physischen Attacken seiner Frau. An ihn erinnert sie sich gern und ist froh, dass er ihr Vater war.

Leider währte dieses Glück nicht lange, für Gerlinde gerade einmal knapp zwölf Jahre. Als sie fast 14 Jahre alt war, geschah das Unfassbare. Ihr Vater erlitt einen schweren Sturz, als er in einer dünn besiedelten Gegend unterwegs war. Es dauerte lange, bis ihn jemand fand, der ihm half und Maßnahmen für die dringend notwendige medizinische Versorgung traf. Mit den heutigen Möglichkeiten des Mobilfunks wäre dies schneller gegangen. Vielleicht hätte er sogar selbst mit dem Handy einen Notruf absetzen können. Möglicherweise hätte er unter diesen Voraussetzungen gerettet werden können. Leider war die Situation damals eine andere, und ihr geliebter Papa starb an den Folgen dieses Sturzes. Neben der tiefen Trauer um den völlig unerwartet verstorbenen Vater musste Gerlinde ab sofort mit ihrer Mutter allein zurechtkommen.

In unserem Gespräch leitet sie die Beschreibung über die folgende Zeit ein mit den Worten:

„Wir haben es beide nicht geschafft, friedlich miteinander auszukommen." Als Pubertierende, die sich nun ohne die ausgleichende Art des Vaters den Wutausbrüchen ihrer Mutter schutzlos ausgeliefert sah, wehrte sie sich jetzt lauthals. Ständig gab es Streit, und zwar sehr heftigen. Auswirkungen auf ihre schulischen Leistungen hatte dies nicht. Sie schaffte den Abschluss der Volksschule ohne Probleme und absolvierte direkt im Anschluss eine einjährige Ausbildung in der Fachschule für Hauswirtschaft sowie eine zweijährige Lehre in einer Bäckerei.

Gerlindes eigentlicher Berufswunsch war ein anderer. Sie wollte Säuglingsschwester werden. So war die damalige Berufsbezeichnung für eine Kinderkrankenschwester. Als Alternative hätte für sie eine Ausbildung zur Floristin noch ganz oben auf der Wunschliste gestanden. Beides lag jedoch weit außerhalb des Interessensbereiches ihrer Mutter. Dennoch bereiteten ihr die Tätigkeiten im Hauswirtschaftsbereich und die Arbeit in der Bäckerei sehr viel Freude. Schon damals war Gerlinde sehr flexibel und vielseitig interessiert. Diese Eigenschaften sind ihr im Übrigen bis zum heutigen Tage erhalten geblieben, ebenso wie die Entschlossenheit, zur Verbesserung einer unbefriedigenden Situation alsbald Entscheidungen zu treffen. Lamentieren oder etwas auf die lange Bank schieben gibt es bei ihr nicht.

Oft kommentiert Gerlinde ihr entschlossenes Handeln mit den Worten: „Soderle, dann isch der Kittel gflickt." Es hat zugegebenermaßen eine Weile gebraucht, bis ich verstand, welches Kleidungsstück genau mit diesem Kittel gemeint ist. Dieses Sechziger-Jahre-Küchenutensil aus der Werbung des Bielefelder Pudding-Königs konnte es nicht sein. Irgendwann wurde mir klar, dass es der regionale Begriff für einen Mantel ist. Seitdem hatte ich immer mal vor, in einem anspruchsvolleren Bekleidungsgeschäft in Düsseldorf nach einem Kittel für den Winter zu fragen. Von der Umsetzung dieses gewagten Planes habe ich allerdings bisher noch keinen Gebrauch gemacht, was wahrscheinlich auch besser ist.

Ob Gerlinde diese Redewendung damals auch schon bemüht hat, ist gut möglich. Auf jeden Fall war eines für sie klar:

Mit ihrer Mutter noch länger unter einem Dach zu leben, war für sie keine Option. Also entschloss sie sich mit noch nicht ganz 18 Jahren, ein bisschen Hab und Gut zu packen und dieses unfriedliche Miteinander zu beenden. Auf Basis der damaligen Rechtslage hätte sie eigentlich bis zur Volljährigkeit bei der Mutter wohnen müssen. Volljährig war man seinerzeit erst mit 21 Jahren, jedenfalls im Westen. In der DDR waren junge Menschen bereits seit der gesetzlichen Regelung von 1950 mit 18 Jahren volljährig. In der Bundesrepublik Deutschland wurde erst am 22. März 1974 die Volljährigkeit im Alter von 18 Jahren vom Bundestag beschlossen. (nachzulesen im Webarchiv des Deutschen Bundestages).

Auf die mütterliche Zustimmung zu einer eventuellen Eheschließung oder gar eigenständigen Anmietung einer kleinen Wohnung nur für sich allein zu hoffen, war für Gerlinde reine Utopie. Also ergab sich für sie nur eine Lösung: „Ich bin abgehauen und freiwillig ins Heim."

Zu Hause hatte sie sich bei allem, was sie auch anfasste und versuchte, regelmäßig ein: „Geh weg, du kannst das nicht!" eingefangen. Im Heim in Mannheim fand sie freundliche Aufnahme durch fürsorgliche Ordensschwestern, die sie noch immer in sehr guter Erinnerung hat und für die sie ausschließlich lobende Worte findet. „Bei ihnen durfte ich unendlich viel lernen", lautet ihr Fazit über die Jahre im Heim. „Ich habe Nähen gelernt, Backen, Kochen und vieles über die Natur und die Landwirtschaft." Da bei Gerlinde niemals das Risiko bestand, dass sie bei Ausflügen weglief, kam sie überdies in den Genuss ganz besonderer Vorzüge. Dazu zählten Kurzurlaube ebenso wie das Ausüben von Jobs außerhalb des Heims mit eigenen Verdienstmöglichkeiten. So arbeitete Gerlinde beispielsweise saisonabhängig auf dem Erdbeerfeld, bei der Weinlese und wo immer auch sonst sie es wollte.

Über Friseur- und Zahnarztbesuche entschied sie ebenfalls völlig selbständig.

Ein sehr großer Vertrauensbeweis der Schwestern ihr gegenüber bestand darin, dass sie sogar im Heim an der Pforte arbeiten durfte. Sie wurde hervorragend auf ihr Leben nach dem Aufenthalt im Heim vorbereitet. Nach 18 Monaten dort, die für sie eine wunderbare und prägende Erfahrung waren, vermittelte ihr eine Mitarbeiterin des Jugendamtes eine Vollzeit-Arbeitsstelle in einer renommierten Bäckerei in einem Schwarzwälder Ferienort. Diese ist auch mir bekannt und zwar unter anderem deshalb, weil die hausgebackene Kirschtorte dort, anders als in anderen Regionen Deutschlands, eine üppige Menge Kirschwasser enthält. Wenn schon, denn schon! Ohne „Umdrehungen" ist es eben nicht das Original. Wer nichts gewöhnt ist, kann mitunter leicht verunsichert werden, ob nach dem Genuss eines der riesigen Tortenstücke der Führerschein in Gefahr ist. Gut, das ist jetzt vielleicht ein bisschen übertrieben, aber ein Stück Schwarzwälder Kirschtorte sollte dann schon für Ü 18 hergerichtet sein.

Diese Bäckerei und Konditorei mit Café ist bis heute gut besucht, und damals fühlte Gerlinde sich dort pudelwohl. Trotzdem wollte sie nach einer Weile etwas Neues erleben. Ihre Flexibiltät und Belastbarkeit sowie das Interesse an immer neuen Tätigkeitsfeldern führte sie zu einer ganz anders ausgerichteten Arbeitsstelle, nämlich zu den Badenwerken. Von Backwaren zur Energieversorgung zu wechseln bedeutet, vieles neu lernen zu müssen. Aber genau das war schon immer nach Gerlindes Geschmack. Dass sie bei den Ordensschwestern schätzte, viel lernen zu dürfen, ist ja bereits ein Hinweis auf ihr reges Interesse an möglichst vielen unterschiedlichen Dingen.

An dieser neuen Wirkungsstätte lernte sie einen jungen Mann kennen, den sie schon bald, gerade 21 Jahre alt geworden, heiratete. Ein paar Monate davor versuchte sie, von ihrer Mutter die Einwilligung zur Eheschließung zu bekommen. Wie nach ihren bisherigen Erfahrungen nicht anders zu erwarten, wurde ihr diese verweigert. Rückblickend versteht Gerlinde die Mutter in diesem Punkt sogar, denn möglicherweise hatte sie ein Gespür für das, was später aus dem Ruder laufen sollte. Mit dem Gedanken „dann hörst halt nicht“ in ihrem Kopf, wartete Gerlinde auf ihren 21. Geburtstag und ging die Ehe mit diesem Mann ein. Zunächst verlief auch alles, wie sich beide ihr Zusammenleben vorstellten. 1972 wurde das erste Kind geboren, ein Sohn, drei Jahre später die Tochter. Es war eine glückliche Zeit zu viert. Danach kündigte sich weiterer Nachwuchs an, aber es kam zu einer Fehlgeburt, soäter wurden zwei weitere Kinder tot geboren. Diese leidvolle Zeit und der weiter bestehende Wunsch, für die beiden Kinder noch zwei Geschwister zu bekommen, führten im siebten Jahr ihrer Ehe zu der Überlegung, Kinderdorf-Eltern zu werden. Doch auch dazu kam es letztlich nicht.

Was zu der schnellen und nachhaltigen Veränderung im Verhalten ihres Mannes führte, ist nicht bekannt. Vielleicht waren es zumindest zu einem gewissen Anteil diese schmerzvollen Erlebnisse, über die er nicht sprach. Er war nicht mehr bereit, regelmäßig zu arbeiten, insgesamt auch im häuslichen Alltag antriebsarm, schnell aufbrausend und vor allem dem Alkohol zugeneigt. Gerlinde bemühte sich, schon wegen der beiden Kinder, so gut es ging damit zurechtzukommen, aber sie litt ja nicht weniger unter den Erlebnissen. Im Gegenteil, sie hatte bei den stillen Geburten als Gebärende ja den noch leidvolleren Anteil. Die Kinder, inzwischen größer geworden und die Mutter stets unterstützend, hielten von der Rücksichtnahme nicht so viel, wie Gerlinde es eingeschätzt hatte. Eines Tages eröffneten sie ihr: „Mama, entweder gehen wir aus dem Haus oder der Vater."

Das erleichterte ihre Entscheidung, sich von diesem Mann zu trennen. Arbeiten war ihr schließlich nicht fremd, und so kam sie folglich als Alleinerziehende zurecht. Geld vom Amt anzunehmen lag ihr fern. Das kam für Gerlinde ganz einfach nicht in Frage, genauso wenig wie sich zu beklagen. Nun kam ihr ihre Flexibilität so richtig zugute. Sie arbeitete im Kino, als Sprechstundenhilfe beim Arzt (seinerzeit war das noch die Berufsbezeichnung), im Service in Restaurants und als Reinigungskraft. Ab 1986 schaffte sie als Reinigungsfrau bei einem Amtsgericht und war Jahre später, kurz vor der Rente, die einzig verbliebene fest angestellte Raumpflegerin dort.

Auch als die Kinder erwachsen waren, ihre Ausbildungen abgeschlossen hatten und eigene Wege gingen, nahm Gerlinde alles mit, was nach Arbeit aussah: Neben der festen Tätigkeit als Raumpflegerin kellnerte sie zusätzlich, wenn jemand als Aushilfe gesucht wurde, und das kam ziemlich oft vor. Sportliche Großveranstaltungen, Schlossfeste und andere Events waren ohne Gerlinde nicht vorstellbar. Deshalb ist sie auch vielen Menschen ein Begriff. Dazu braucht es kein Interview mit Fernsehkameras. Manchmal reicht auch ein menschliches Bedürfnis. Denn Gerlinde arbeitete auch in einem Toilettenwagen. Den sucht bei diesen Veranstaltungen jeder mal auf. Da sie immer für jeden ein gutes Wort übrig hat, aber auch ziemlich witzige Konter auf Lager hat, wenn jemand die guten Sitten vergisst, war sie dort immer gern gesehen, auch von Menschen, die in der Öffentlichkeit durchaus einen Namen haben.

Was sie bei all diesen Tätigkeiten verdiente, auch an Trinkgeldern, konnte sie investieren in Kurzurlaube oder andere Wünsche, die sie sich erfüllen wollte. Sie schafft es bis heute, trotz der nicht gerade üppigen Rente, hervorragend hauszuhalten. Das bewundere ich sehr. Ich denke ohnehin, dass man auch von Menschen wie Gerlinde einiges lernen kann und das solche Lebensläufe berichtenswert sind. Natürlich ist es auch in Ordnung, wenn – überspitzt ausgedrückt erzählt wird, dass ein Schlagerstar drei Wochen lang verzweifelt seine Katze gesucht hat, aber darauf sollte dann meines Erachtens nicht pausenlos herumgeritten werden.

Schlagerstar ist ein gutes Stichwort an dieser Stelle, obwohl der Begriff für die nächste Person, von der ich schreiben möchte, nicht ganz zutrifft, denn ihr Repertoire ist wesentlich vielseitiger als das, was von jemandem erwartet wird, der ausschließlich für Schlager bekannt ist. Die Texte dieser Sängerin sind oft anspruchsvoll, und mit ihrer Stimme hat sie über viele Jahre auch Stücke vorgetragen, die anderen Musikrichtungen zuzuordnen sind. Anneli ist die einzige der Personen in diesem Buch, die in ihrer Heimat ein „julkis“ ist, also eine Person des öffentlichen Lebens.

Sie zählt auch nicht zu denen, die von Armut betroffen sind, aber das war nicht immer so. In ihrer Kindheit und Jugend sah das völlig anders aus. Es gab viele Entbehrungen. Gerade an ihrem Werdegang, der immer wieder von traurigen Erlebnissen und anderen Härten des Lebens begleitet wurde, lässt sich aufzeigen, dass es sich lohnt, trotz allem nach vorn zu schauen.

Mit Sisu ganz nach oben – Anneli Saaristo

Grund genug, um ständig in verschiedenen Zeitungen über schwierige Zeiten in ihrem Leben zu berichten, hätte Anneli Saaristo durchaus schon vor vielen Jahren gehabt. Sie hat sich anders entschieden und ohne jemals zu klagen und mit hartem Einsatz an einer außergewöhnlichen Karriere gearbeitet. In diesem Jahr 2024 feiert sie ein ganz besonderes Jubiläumsjahr: 75 Jahre alt, 55 Jahre auf der Bühne, 35 Jahre Erfolg beim Eurovision Song Contest mit einem Ohrwurm, der noch heute in Finnland sehr bekannt ist und noch immer stets am Ende ihrer Konzerte vorgetragen wird. „La Dolce Vita" heißt der Song, die Tournee zum Jubiläumsjahr entsprechend „La Dolce Diva".

Mit der Diva hat es eine besondere Bewandtnis. Bei ihren Auftritten legt Anneli gesteigerten Wert auf absolute Perfektion. Das gilt nicht nur für ihren Gesang, sondern bezieht sich auch auf das komplette Ambiente. Da darf die Farbe des Schmucks auf keinen Fall nur einigermaßen zur Kleidung passen, sondern haargenau. Gestik, Mimik, alles was zum Auftritt gehört muss aus einem Guss sein. Das ist bekannt und hat ihr den Begriff „Diva" eingebracht.

Annelis Auftritte füllen noch immer jeden Saal. Ich habe es vor dem Jubiläumsjahr selbst erleben dürfen und auch zu Beginn dieser Tournee, als ich im Februar sehr weit im Nordwesten Finnlands mit zwei finnischen Freundinnen eines der ersten Konzerte aus dieser Reihe besuchen durfte. Es war wie immer ausverkauft. Anneli gehört zu den populärsten Künstlerinnen in Finnland. Auch im mit viel musikalischen Darbietungen angereicherten Kinofilm „Im Schatten des zweiköpfigen

Adlers“ (Kaksipäisen kotkan varjossa) spielte sie neben Vesa-Matti Loiri im Jahre 2005 die Hauptrolle.

Im Folgenden schreibe ich nur den Vornamen. Das hat nichts mit mangelndem Respekt zu tun, sondern es ist in Finnland üblich. Auch nach Konzerten, wenn es hin und wieder möglich ist, die Sängerin zu treffen und mit ihr zu sprechen, wird sie grundsätzlich mit dem Vornamen angesprochen. Das gilt natürlich ebenso für andere Künstlerinnen und Künstler und ganz generell in der finnischen Gesellschaft. Geht man in Helsinki ins bekannte Kaufhaus Stockmann, trifft man auf Personal, das auf dem Oberteil der Kleidung einen Anstecker mit dem Vornamen trägt; daneben reiht sich eine jeweils unterschiedliche Anzahl an kleinen Landesfähnchen je nachdem, wie vieler Sprachen die jeweilige Person mächtig ist.

In all den Jahren ihrer langen Karriere wurde Anneli selbstverständlich oft interviewt. Es lag ihr fern, sich über irgendetwas zu beklagen, obwohl auch sie bei weitem nicht nur rosige Zeiten erlebt hat. Was ich hier über sie berichte, habe ich mit Annelis Einverständnis aus Interviews übersetzt, die in verschiedenen Zeitungen veröffentlich wurden. Ergänzt habe ich diese Aussage durch einzelne Statements, die sie mir gegenüber abgegeben hat und von denen ich ebenfalls weiß, dass ich davon berichten darf.

Im Jahr 2020, als wegen der Pandemie viele Konzerte abgesagt wurden, erschienen von einigen Künstlerinnen und Künstlern verstärkt Interviews in den Medien. Wenigstens das war möglich. Für Menschen, die auf der Bühne ihr Geld verdienen, war working from home logischerweise keine Option. So war am 8. Juli in der Online-Ausgabe der Zeitschrift „Me Naiset“ (übersetzt: Wir Frauen) ein langes Gespräch mit Anneli zu lesen, in dem sie aus ihrem Leben und von ihrer Karriere erzählt. [6]

Unter dem Titel „Ich hätte den Menschen noch so viel zu geben“ berichtet sie zunächst aus ihrer Kindheit und Jugend in Jokioinen, einem sehr kleinen Ort, der sich in Südfinnland befindet und mit dem

Auto von Helsinki aus in knapp anderthalb Stunden in nordwestlicher Richtung erreichbar ist.

„Mein Vater arbeitete in der Nagelfabrik", beginnt sie ihre Erzählung. „In Jokioinen gab es starke Standesunterschiede. Ich hatte das Gefühl, schlechter und jämmerlicher zu sein als die reichen Leute. Man lud mich immer zu den Geburtstagen der Kinder von den Fabrik-Oberen ein, weil ich singen konnte. Schon damals war ich in der Rolle des Clowns, des Unterhalters. Man lachte über mich, wenn ich ein zu preiswertes Geburtstagsgeschenk mitbrachte."

Das ist eine Erfahrung, die kein Kind verdient hat. Es ist gut vorstellbar, dass auch in Finnland damals davon gesprochen wurde, dass diese Geburtstagskinder aus „gutem Hause"

kamen, ein Begriff, der auch heute noch teilweise gebräuchlich ist und über den meines Erachtens nicht differenziert genug nachgedacht wird. Was genau ist eigentlich dieses mitunter zitierte „gute Haus"? Ist es besonders groß, und wenn ja, garantiert es zwingend eine bessere Erziehung als eine Stadtwohnung? Ist das Konto beziehungsweise sind DIE Konten der Eltern gut gefüllt, und was kann das Kind dafür? Ich könnte den Fragenkatalog noch um einiges erweitern, aber überlasse es jedem einzelnen, zu einer eigenen Interpretation dieses Begriffes zu kommen.

Die im Interview mit Anneli erwähnten Kinder hatten zumindest eines bis dahin offensichtlich noch nicht gelernt, nämlich den Respekt vor anderen, unabhängig von deren Herkunft. Glücklicherweise ging Anneli daraus eher gestärkt hervor. Das lag daran, wie sie weiter berichtet, dass ihr Vater seinen Kindern vermittelte, dass man durchaus stolz sein könne, aus einem Arbeiter-Haus zu kommen. Annelis Mutter lehrte ihre Kinder das Singen und wie man etwas gut vorträgt.

Sie war selbst eine glänzende Sängerin, Tänzerin und Schauspielerin. Einen gewissen Eigensinn habe das Elternhaus ihr auf ihren Lebensweg mitgegeben, betont Anneli. Dieser sei ihr in ihrem Leben eine treibende Kraft gewesen.

Ihr Vater baute ihr, als sie sechs Jahre alt war, ein Spielhaus aus Holz, dessen Innenwände er mit Rosentapeten dekorierte. Er verstand ihre

Sehnsucht nach schönen Dingen und bemerkte, dass sie ein Kind war, das gern allein spielte. Jeden Tag verzog sie sich für eine Weile in dieses Häuschen. „Rakastan olla yksin“, sagt sie im Interview, im Präsens. Das heißt, sie liebt es, allein zu sein. Sie sei kein Eremit, aber sie brauche es zwischendurch einfach, sich zurückzuziehen.

„Ich war 21 Jahre alt“, fährt sie fort, „als mein Vater durch einen Verkehrsunfall starb. Ein Auto überfuhr ihn. Meine Mutter wäre beinahe bei demselben Unglück gestorben, aber sie kam mit Verletzungen davon.“ Es fällt Anneli bis heute schwer, daran zu denken. Ihr Vater war, wie sie es ausdrückt, die Wirbelsäule der Familie. Mit seinem Tod zerfiel sie regelrecht. Ihr jüngerer Bruder geriet dadurch aus der Bahn. Er war Diabetiker und kümmerte sich fortan nicht mehr recht um seine Gesundheit. Für die Mutter war es ein schwerer Schlag. Sie war daran gewöhnt, dass sich ihr Mann um alles kümmerte.

Zu seinen Lebzeiten, fühlte sie sich sehr sicher und geborgen in ihrem Leben. Sie waren eine fest zusammenstehende Familie. „Der Tod des Vaters lehrte mich, dass nichts auf dieser Welt sicher ist“, erklärt sie. „Nach Vaters Tod traf ich einige sehr merkwürdige Entscheidungen und trieb mich viel herum. Dann bin ich auf der Flucht vor meiner eigenen Dummheit nach Israel in einen Kibbuz gegangen. Ich musste einfach weg. Ich hielt diese Veränderung und Trauer nicht aus.“

Ihre Karriere begann Anneli als Sängerin einer Band, die zum Tanz aufspielte. Mit ihr war sie regelmäßig auf Tournee innerhalb Finnlands, und zwar von 1969 an bis zum Beginn der achtziger Jahre. Sie beschreibt diese Zeit als recht wild und lehrreich. „Ich wurde nicht wie eine Blume in der Hand gehalten. Ich stand unter dem Pantoffel. Ich war eine Sklavin“, erinnert sie sich an den Umgang mit ihr. „Ich musste elchartig arbeiten“, so wäre an dieser Stelle die Übersetzung 1:1 vom Finnischen ins Deutsche. Dieser Ausdruck wird oft und gern benutzt, um die Intensität von etwas zu veranschaulichen. Oft sang sie an einem Abend sechs Stunden lang, und das nicht nur am Wochenende. Es kam einmal vor, dass ihre Stimme dieser Belastung nicht mehr standhielt und zu keinem weiteren Ton mehr in der Lage war. Am nächsten Tag warf der Band-Leader ihr das Tourneegeld vor die Füße und ließ sie es vom Boden aufsammeln.

Endlich bekam sie 1979 erstmalig die Gelegenheit für ein Solokonzert in Turku. Sie überflügelte sich selbst und hatte nun große Lust auf ein eigenes Publikum, das Interesse an ihrer Stimme und ihren Interpretationen hatte. Mitunter gesellten sich zwei bis drei weitere Solistinnen und Solisten hinzu, die damals einigermaßen populär waren. Auf der Bühne in ihrer Rolle als Solistin gelang es ihr endlich, ihre Trauer hinter sich zu lassen. In dieser Zeit kam sie ganz groß raus.

1989 bewarb sie sich in der finnischen Vorentscheidung gleich mit zwei Beiträgen für den Eurovision Song Contest. Mit einem davon gewann sie mit gewaltigem Stimmenvorsprung vor der Konkurrenz und hatte mit „La Dolce Vita" das Ticket für Lausanne in der Tasche.

Es ist verständlich, dass dieser Erfolg eine riesige Freude in ihr auslöste. Ihr Vater wäre sehr stolz gewesen, denn zu seinen Lebzeiten war auch er ein begnadeter Sänger. Die ganze Familie war sehr musikalisch. Aus einem anderen Interview weiß ich, dass der jüngere der beiden Brüder sich im Gegensatz zu ihr eher der Rockmusik zugewandt hatte, bevor er nach dem Tod des Vaters immer mehr den Boden unter den Füßen verlor. Annelis Erfolg bei der Vorentscheidung zum ESC war auch für ihn eine hocherfreuliche Begebenheit. Er schrieb ihr eine motivierende Nachricht mit Erfolgswünschen für Lausanne.

Mitten in dieser Phase des Erfolgs und der Glücksgefühle geschah nur kurze Zeit vor Annelis Auftritt in der Schweiz das nächste große Unglück. Ihr „pikkuveli", der kleine Bruder, wie sie ihn bis heute in Interviews nennt, starb urplötzlich. Zunächst dachte man an Selbstmord, denn einen Versuch hatte er bereits hinter sich, aber die Obduktion ergab eine andere Ursache. Da er als Diabetiker nicht fürsorglich genug mit sich selber umgegangen war, erlag er einem epileptischen Anfall, bei dem auch Alkohol eine Rolle gespielt haben soll.

Doch das war noch nicht alles, was ihr sehr zusetzte, denn im gleichen Zeitraum starb auch ein sehr guter und wichtiger Freund, ein Komponist und Arrangeur, der ihr privat und beruflich sehr viel bedeutete. Anneli berichtet dazu: „Ich weiß nicht, was mich befähigte, mich auf den Eurovision Song Contest zu konzentrieren. Wir Künstler sind eine wundersame Sorte: Wir können Dinge irgendwie aufsplitten. Wenn ich auf der Bühne bin, kann ich alles andere verdrängen. Als ich im besten Alter war, um Kinder zu bekommen, entschied ich mich bewusst für die Karriere. Sie war mir sehr wichtig, und ich begriff, dass ich nicht beides schaffen konnte, Kinder und Karriere. Ich wäre eine schlechte Mutter gewesen."

Bereut hat sie diese Entscheidung nicht, weil sie der festen Überzeugung ist, dass man nicht alles haben kann.

In Lausanne glänzte sie trotz der traurigen Ereignisse mit einem hervorragend gelungenen Auftritt und belegte den siebten Platz. Für viele Jahre war das für Finnland die beste Platzierung beim ESC. Über Jahre lagen finnische Beiträge oft weit hinten und wechselten sich beim Tragen der roten Laterne mit den deutschen Teilnehmerinnen und Teilnehmern beständig ab.

Vielfach wurde dies unter anderem mit der Sprache begründet. Da bin ich mir jedoch nicht so sicher. Wenn die Melodie zum Ohrwurm taugt, kann der Text eine untergeordnete Rolle spielen. Zudem frage ich mich manchmal, ob es wirklich so viel besser ist, wenn man als Zuhörer versteht, dass jemand in englischer Sprache fünfunddreißigfach hintereinander singend fragt, wer die Hunde rausgelassen hat („Who let the dogs out?"). In einem anderen Interview im Juli 2020 mit dem finnischen Fernsehsender YLE teilte sie in der für sie typischen humorvollen Erzählweise mit, dass sie vor dem Auftritt in Lausanne regelrecht steif war vor Nervosität, wie eine Mumie sei sie sich vorgekommen.[7] In einem Gespräch mit mir zeigte sich ihr Anspruch auf Perfektion: „Wenn man das vermasselt, dann leiden auch die anderen an der Präsentation Beteiligten darunter."

Das Wohl der anderen war und ist ihr enorm wichtig, daran denkt Anneli immer. Sie ist sehr dankbar für all ihre Erfolge und zeigt sich ihrem Publikum und den vielen Fans sehr nahbar. Da wird, wenn zeitlich die Möglichkeit für eine Autogrammstunde besteht, nach einem Konzert auch mal jeder einzeln herzlich begrüßt. Die Atmosphäre erscheint geradezu familiär, und viele Fans kommen auch untereinander ins Gespräch. Als ich allein das Sommerkonzert in Jyväskylä vor zwei Jahren besuchte, befand ich mich auch inmitten einer unterhaltsamen Runde und konnte (wie schon einige Male zuvor) feststellen, dass der Ruf der Finnen, besonders schweigsam zu sein, vor allem im Sommer nicht hundertprozentig der Wahrheit entspricht.

Auf jeden Fall startete Anneli nach diesem Erfolg in der Schweiz, den sie ihren Jackpot nennt, durch. „Die achtziger und neunziger Jahre waren eine feine Zeit. Ich durfte endlich das tun, was ich schon immer wollte. Es gab viel Schönes zu arbeiten und immer wieder Fernsehauftritte. Ich sang als Solistin mit großen Orchestern“, berichtet sie und erzählt davon, dass sie ständig auf Tournee war. Viele ihrer ganz großen Hits entstanden in dieser Zeit und danach.

Endlich konnte sie ihre Vielfalt unter Beweis stellen. Ihre Version von „Hijo de la luna“ zeigt ihre gewaltige Stimme ebenso wie das „Evakon laulu“, ein Song über die Vertreibung der finnischen Bevölkerung aus dem Teil Kareliens, der im Zweiten Weltkrieg an Russland fiel. Etliche ihrer Lieder haben sehr interessante Texte, und sie trägt sie nicht einfach nur vor. Sie durchlebt die Inhalte regelrecht auf der Bühne. Genau diese durch und durch perfektionierte Performance machte sie zu dem großen Star, der sie immer noch ist.

Plötzlich, inmitten der Erfolgswelle ein paar Jahre vor dem Jahr 2000, kam es bei Anneli zu einem regelrechten Absturz. „Ich fiel aus der Höhe“, beschreibt sie gegenüber der finnischen Frauenzeitschrift Me Naiset das, was ihr damals widerfuhr.

Dazu ist erklärend hinzuzufügen, dass es im Verlauf der neunziger Jahre in Finnland zu einer Rezession kam, die vielen sehr zu schaffen machte. Anneli litt unter Depressionen, und als dies zusammen mit der daraus resultierenden Tablettensucht an die Öffentlichkeit gelangte, kam ihre Arbeit fast gänzlich zum Erliegen.

In der allerschlimmsten Phase ihrer Erkrankung schlief sie teilweise eine komplette Woche durch. Sie nahm immer mehr Schlaftabletten und fühlte sich zunehmend einsam. Zu nichts konnte sie sich mehr aufraffen. Schließlich verkaufte sie ihre Wohnung in Helsinki und zog in eine recht lebhafte Stadt, nach Tampere. Dort wohnt sie auch heute noch. In Tampere fasste sie den in der Überschrift dieses Interviews genannten Gedanken, dass sie den Menschen noch so viel zu geben habe, und begab sich in eine Klinik, um von der Sucht loszukommen. Es war unendlich hart, sich von den Medikamenten zu befreien, aber Anneli verfügt über „sisu“, was man nicht so recht übersetzen kann. Es ist eine Art von enormer Stärke, Beharrlichkeit und Entschlossenheit, die den Menschen in Finnland zugeschrieben wird. Sisu ist auch der Name eines finnischen Herstellers starker Lastkraftwagen. Ein langer, anstrengender Weg begann.

Sie schaffte es unter einem enormen Kraftaufwand, sich von der Sucht zu befreien und fand ihren Weg, mit gelegentlicher depressiver Stimmung und Schlaflosigkeit anders umzugehen. Auch mit einer längerfristigen Folge der Sucht, nämlich der Entwicklung von Adipositas, ist sie fertiggeworden und hat extrem abgenommen. Mit der Diabetes, die mit dem Übergewicht entstand, muss sie allerdings weiterhin leben. Das ist nach wie vor eine große Belastung. Aber nach all diesen harten Kämpfen bekam sie wieder zahlreiche Engagements und ist bis heute die Top-Sängerin, die jeder im Land kennt. Sensibel ist sie natürlich geblieben. Von schlimmen Geschehnissen, auch wenn sie von diesen nicht persönlich betroffen ist, ist Anneli sehr betroffen, und oft wünscht sie sich, etwas unbekümmerter zu sein. Aber sie beklagt sich nie und macht niemand anderem Vorwürfe. Nach wie vor liebt sie die Bühne sehr, zieht sich aber phasenweise gern zurück, um zu entspannen und sich mit Leidenschaft dem Lesen von unzähligen Büchern zu widmen.

Abseits der Bühne ist sie keine Diva, wie sie betont, und das stimmt auch tatsächlich. Meist bezeichnet sie sich als „Teilzeit-Diva". Starallüren sucht man im privaten Umgang bei ihr vergeblich, und sie freut sich einfach, dass Menschen ihre Musik mögen und dass sie nicht wie in ihrer Kindheit jeden Euro mehrfach umdrehen muss, bevor sie ihn ausgibt.

Sie liebt es, sich stilvollen Modeschmuck, Handtaschen oder Kleidung kaufen zu können, weil ihr in ihrer Kindheit etliche materielle Wünsche unerfüllt geblieben sind. Dafür, so betont sie, hatte sie ein sehr liebevolles und außerdem musikalisches Elternhaus, das somit ein guter Wegbereiter für ihre Karriere war. Für ganz banale Alltagstätigkeiten stylt sie sich nicht auf. Ein typisches Zitat von ihr ist: „Wer ist schon so verrückt und will sich schminken, wenn er nur ins Milchgeschäft geht? Irgendjemand vielleicht, aber zu diesen Menschen zähle ich nicht."

Auch auf der Bühne entpuppt sich die Diva übrigens mitunter als die gar nicht divenhafte freundliche Frau von nebenan, und zwar immer dann, wenn sie zwischen ihren Liedern zum Publikum spricht. Die Diva hat dann Pause, und Anneli wird zur Komödiantin, mit einem herrlichen Humor, und wenn bei einem langen Konzertabend die Schuhe drücken, zieht sie sie aus und macht barfuß weiter.

Freischwimmer

Tom hätte derjenige sein können, der die Steilvorlage für Udo Lindenbergs einstigen Hit „Hoch im Norden" geliefer hat. Da heißt es doch in dem Songtext: „Immer nur Wasser, ganz viele Fische, Möwengeschrei und Meeresrauschen in meinen Ohren." Genau so ist Tom an der Nordseeküste aufgewachsen. Seinen echten Vornamen hätte ich verwenden dürfen, aber nach allem, was er so erzählt hat, habe ich mich für ein Pseudonym entschieden.

Als vermeintlich einziges Kind eines Fischers wuchs er in einem kleinen Städtchen auf, in dem er schon sehr früh nahezu jeden Stein kannte. Als er noch ein kleiner Junge war, fühlte er sich dort sehr wohl. Seine Eltern behüteten ihn sehr und versuchten, so gut es ging, ihm jeden Wunsch zu erfüllen. Doch als Jugendlicher empfand er die Möglichkeiten für junge Menschen in diesem überschaubaren Umfeld als nicht ausreichend.

Rückblickend nach mehreren Jahrzehnten denkt er heute manchmal, dass die Zugewandtheit seiner Eltern auch eine enorme Bürde war, dennim Gegenzug zu all den prompt erfüllten Wünschen wollte er das beste Kind der Welt für diese weltbesten Eltern sein. Das scheiterte natürlich daran, dass er ein völlig durchschnittliches Kind war mit Talenten und einem sonnigen Wesen auf der einen Seite und der naiven Unerfahrenheit auf der anderen. Insgesamt jedoch war er, wie er schmunzelt feststellt, „nah dran am Ziel, den Siegerpokal für das beste Kind überreicht zu bekommen."

Dennoch gab es etliche Momente, in denen er sich unfrei fühlte. Alles, was immer er auch tat, wurde genauestens beobachtet. Dem konnte er sich nicht entziehen. Was hätte er auch dagegen tun sollen? Im Alter von etwa neun Jahren sprach Tom seine Eltern auf dieses Thema an. Erst da erfuhr er, dass seine Eltern schlicht Angst um ihn hatten, vermutlich mehr als andere Mütter und Väter. An diesem Tag erklärten sie ihm auch den Grund dafür.

Bevor Tom zur Welt kam, hatten sie schon einen Jungen. Dieser starb leider an den Folgen eines Verkehrsunfalls. Tom war zwar, wie er heute erklärt, ein wenig verwundert darüber, dass er erst zu dem Zeitpunkt davon erfuhr, doch vermutet er, dass seine Eltern ihm nicht das Gefühl geben wollten, ihn mit dem Bruder zu vergleichen. Doch er hat sie im Laufe der Jahre nie danach gefragt. Vielleicht hatten seine Eltern einfach zuvor nie den nach ihrer Einschätzung richtigen Zeitpunkt dafür gefunden.

Daheim ging alles seinen geregelten Gang. Die Familie war nicht sonderlich begütert, aber auch nicht arm. Immerhin gehörte ihnen ein relativ großes Haus, das seine Mutter geerbt hatte. So sparten sie die Miete. Die Arbeit des Vaters brachte zusammen mit dem Lohn der Mutter, die stundenweise in einer kleinen Pension arbeitete, genug ein, dass die Familie ganz gut davon leben konnte. Häufig brachte der Vater Fisch mit nach Hause. Tom bevorzugte jedoch Würstchen, Hähnchen und Nudeln. Die Angst vor Gräten veranlasste Tom, den Verzehr von Fischen zu meiden.

Mit Granat konnte der Vater ihn allerdings erfreuen.

Allein das Wort hat für Menschen aus anderen Regionen einen hohen Unterhaltungswert. Es hört sich irgendwie explosiv an, wobei es für Fans dieser Köstlichkeit ja im wahrsten Sinne eine Art Geschmacks-Explosion auslöst. Granat werden in Ostfriesland die kleinen Krabben genannt, für die sich jeder Weg lohnt.

Diese kleinen Krabben genoss also auch Tom. Granat mit Rührei auf Schwarzbrot, das war sein Favorit, für den er sogar auf Würstchen verzichtete. Sogar puhlen konnte er die kleinen leckeren Dinger, und zwar ziemlich flott. Anders als die Touristen, die sich immer mal dran versuchten und für zwei Handvoll eine halbe Stunde Puhlzeit brauchten. Daran hatte er Freude. Das war es in diesem Bereich aber auch schon. Weiteres Interesse zeigte er für den Beruf seines Vaters nicht. Er fand es gut, dass er einen Papa mit einem für die Gegend typischen Beruf hatte. Später in seine Fußstapfen treten indes lag nicht im Bereich seiner Vorstellungen.

Zunächst war Toms Vater das auch völlig egal. Er vertrat die Ansicht, dass jeder nach der Schule ein Anrecht auf eigene Berufswünsche hatte, und außerdem war noch Zeit bis zum Schulabschluss seines Sohnes. Tom zeigt eine eher dezente Begeisterung für die Schule, aber auch keine wirkliche Abneigung. Er ging halt regelmäßig hin und bemühte sich gerade so, dass es nicht in übermäßige Anstrengung ausartete. Es reichte, um zurechtzukommen, und auf Bestnoten legte er keinen gesteigerten Wert. „Hauptsache geschafft" war nach seiner eigenen Aussage seine damalige Devise.

Als ich ihn vor einigen Jahren traf, ergab sich das Gespräch mit ihm in einer Situation, die ihn an seine Kindheit und Jugend erinnerte. Er stand neben mir, als wir an einem Verkaufsstand warteten, wo Krabbenbrötchen angeboten wurden. Drei Kinder mit ihren Tornistern waren vor uns an der Reihe.

„Schade, dass das für mich gelaufen ist", sagte er in meine Richtung. „Ich hätte mehr draus machen sollen. Vielleicht wäre manches anders gekommen." So kam es, dass ich mehr aus seinem Leben erfuhr. Nach unserer Begegnung hatten wir noch eine Weile Kontakt. Seit einiger Zeit habe ich nichts mehr von ihm gehört. Ich hoffe, Winston Churchills berühmter Ausspruch „no news are good news" trifft in diesem Fall zu.

Wie er mir am Krabbenstand erzählte, geriet sein Leben nach dem Schulabschluss im Alter von 14 Jahren völlig durcheinander. Sein Vater war schwer erkrankt und nicht mehr in der Lage, mit dem Kutter auf See zu arbeiten. Leichte Tätigkeiten, am besten von zu Hause aus, konnte er sich noch zumuten. Die Berufsunfähigkeitsrente lud auch nicht gerade zu luxuriösen Abenteuern ein, so dass Toms Eltern sich genau überlegen mussten, wie sie am besten mit der neuen Situation umgehen könnten.

Teil des Plans war dabei auch Tom. Er hatte die Schule beendet und hätte nun helfen können.

Das Haus war schon immer größer, als es für eine dreiköpfige Familie nötig gewesen wäre. So lag es nahe, ein wenig umzubauen und die obere Etage für Pensionsgäste zu nutzen. Wie man Gäste gut bewirten konnte, wusste die Mutter von ihrer beruflichen Tätigkeit genau. Sie hätte sogar parallel an ihrer Arbeitsstätte bleiben können, denn Tom hatte jetzt Zeit, sich entsprechend einzubringen. Außerdem wäre er nach wie vor unter ihren Fittichen gewesen.

Das war der Moment, in dem er erstmalig aufmuckte. Für seine Zukunft kam einiges für ihn in Frage, aber das gehörte nun wirklich nicht dazu. Alle drei fühlten sich schlagartig voneinander unverstanden, zumal der Vater Tom durchaus verstehen konnte bei genauerer Überlegung. Daheim ausharren musste der Sohn allerdings noch bis zur Volljährigkeit, genau wie seinerzeit Gerlinde, der ich ein anderes Kapitel gewidmet habe.

So blieb er zwar dort, machte aber zunächst eine Ausbildung als Bäcker in der Nachbarstadt. Es gefiel ihm sehr dort, aber die Freude sollte nicht lange anhalten. Der Meister verstarb völlig unerwartet, und der Betrieb wurde nicht mehr weitergeführt. Also sah er sich zur Fortführung der Ausbildung nach einer neuen Stelle um, musste allerdings einen weiteren Weg in Kauf nehmen.

Auch im neuen Betrieb gefiel es ihm, und er schloss seine Ausbildung erfolgreich ab.

Seine Eltern setzten ihren Plan ohne seine Hilfe nicht um. Stattdessen nahm die Mutter noch eine zweite Arbeitsstelle in einem Café an.

Über Toms abgeschlossene Ausbildung waren seine Eltern sehr erfreut, doch in regelmäßigen Abständen „brühte Mudder", wie er sie zu nennen pflegte, „den ollen Kaffee mit der Pension wieder auf." Selbst gebackene Brötchen wären ja auch ziemlich verlockend gewesen, auch für die Gäste . Tom brauchte nun mehr denn je seine Freiheit und suchte sich eine Stelle weit entfernt von zu Hause. „Ausgerechnet Berlin!" war seiner Schilderung gemäß die entsetzte Reaktion seiner Mutter. Auch Vaters Begeisterung hielt sich bei allem Verständnis für Toms Weg in ein selbständiges Leben, gelinde gesagt, in recht engen Grenzen.

In der Tat trennen dieHauptstadt von dem kleinen überschaubaren Revier im Norden nicht nur etliche Kilometer. Das wird kaum jemand bestreiten. Auch ich bin in jungen Jahren voller Erwartung dorthin gezogen, zwar aus dem äußersten Westen statt aus nördlicher Richtung, aber auch ich habe die Erfahrung gemacht, dass es „anders" ist. ass ich just nach dem Ablegen der letzten Prüfung für meinen Beruf trotz eines Angebotes auf Festanstellung die Rückreise in umgekehrte Richtung antrat, um zunächst als Taxifahrerin zu arbeiten, mag ein Hinweis darauf sein, dass ich mich mit diesem „anderen" nicht recht anfreunden konnte.

Was Toms Eltern von seiner Wahl hielten, entzieht sich meiner Kenntnis, aber sie hatten offensichtlich Bedenken, ob es sich dabei um die Trumpfkarte für ein erfülltes Leben handeln konnte oder eher die Pik Sieben. Leider war die Skepsis nicht unbegründet, wie sich im Laufe der Zeit herausstellen sollte. Zunächst gestaltete sich alles zu Toms Zufriedenheit. Er fand eine winzige bezahlbare Wohnung und arbeitete in Vollzeit. Nach einer Weile lernte er eine junge Frau kennen und zog schon sehr bald zu ihr. Ihre Wohnung war größer und sehr wohnlich hergerichtet, allenfalls ein wenig kitschig für seinen Geschmack. Sie verließ das Haus spät am Abend, um arbeiten zu gehen, denn sie war Krankenschwester und hatte ausschließlich Nachtschicht.

Das war jedenfalls ihre Version der Geschichte, die er ihr auch abnahm. Warum hätte er daran auch zweifeln sollen? Sie liebten sich, und da muss man einander vertrauen können. In den meisten Fällen funktioniert es ja auch, jedoch leider nicht in allen, und wer geht schon als gesunder junger Mensch in ein Krankenhaus, um nachzuschauen, wo genau die neue Partnerin arbeitet? Ein Medizinstudent wäre vielleicht auf diese Idee gekommen, aber ein Bäcker?

Für Tom war also klar, dass sie dort arbeitete, wegen der Nachtschichten öfter tagsüber frei hatte und er hinterfragte auch nicht, dass sie besser verdiente als er. Schließlich musste diese Wohnung schon vor seinem Einzug so ansprechend möbliert worden sein. Die Miete war auch höher als die für seine ehemalige winzige Kemenate. Er war rundum zufrieden und stolz auf seine Freundin.

Irgendwann musste er sich die Arbeitsstätte, von der sie immer erzählt hatte, dann doch ansehen, und zwar unfreiwillig. Er hatte gewaltige Schmerzen und musste sich einer Blinddarmoperation unterziehen. Seine Freundin arbeitete seines Wissens auf einer anderen Station, aber er lag im selben Krankenhaus. Sie besuchte ihn, und nichts hätte darauf hindeuten können, dass sie nicht ehrlich war. Während seiner Zeit im Krankenhaus stellte sich jedoch heraus, dass sie dort niemand kannte. Wie genau ihm dies klar wurde, konnte er nicht mehr genau erklären.

Auf jeden Fall stellte er sie zur Rede, und dieses Mal war sie bestimmt ehrlich, denn solch eine Tätigkeit erfindet wohl kaum eine Frau, die nicht wirklich in dem Milieu verkehrt. Auch der Kitsch in der Wohnung dürfte seinen geschmacklichen Ursprung in ihrer tatsächlichen beruflichen Tätigkeit gehabt haben. Ihren Tom liebte sie sicher wirklich, aber zwei Dinge störten ihn gewaltig: Die Lüge schon zu Beginn ihrer Beziehung und die Tatsache, dass sie gegen Geld mit anderen Männern das Bett teilte. Für ihn war das keine Basis für ein weiteres Zusammenleben. Sie trennten sich, und er litt enorm darunter.

Immer häufiger trank er nun, um sich abzulenken. Am Ende uferte dies so aus, dass er seine Stelle verlor. „Alles, nur in dem Zustand nicht zu den Eltern zurück", berichtete er mir gegenüber. „Ich wollte meine Eigenständigkeit beweisen und sie nicht enttäuschen." So kämpfte er sich durch den Entzug, der ihm zwar einiges abverlangte, den er letztlich aber tatsächlich schaffte.

Eine neue Stelle ergatterte er auch, und dort lernte er im selben Betrieb eine Verkäuferin kennen. Sie konnte ihn auf keinen Fall bezüglich ihres Berufs betrügen, denn sie sahen sich am Arbeitsplatz täglich. Nach zwei Jahren zog er mit ihr zusammen, und beide schmiedeten Heiratspläne. Glücklich stellte er sie seinen Eltern vor. Sie freuten sich für ihn und mochten die junge Frau gern. Doch dieses Glück währte ebenfalls nicht lange. Sie erkrankte sehr schwer und starb wenige Monate später.

Nun mochte Tom nicht mehr in dieser Stadt bleiben. Jeder Weg, den er ging, erinnerte ihn zu sehr an seine Lebensgefährtin. Er konnte das nicht aushalten. So zog er zurück an die Küste in die Nähe seiner Eltern.

Ob er eine neue Beziehung eingegangen ist, ist mit nicht bekannt. Ich wollte ihn danach nicht fragen. Vielleicht hätte es alte Wunden aufgerissen, was ich vermeiden wollte. Es würde mich freuen, wenn der Grund, dass ich plötzlich nichts mehr von ihm hörte, ein neues Glück ist. Ich wünsche es mir für ihn.

Es gibt einen, der immer bei mir ist

Manchmal kommen mir alte Lieder in den Kopf und lassen sich nur schwer verdrängen. Wahrscheinlich beeindruckten sie mich vor Jahren mehr, als ich es seinerzeit wahrgenommen habe. Der komplette Text ist mir noch geläufig, und mitunter denke ich, dass die Inhalte teilweise gar nicht so banal, sondern von sozialem und umweltpolitischem Belang waren.

Eines, das mir immer wieder in den Sinn kommt, stammt von Ralph McTell. „The streets of London" und wurde 1969 veröffentlicht. Die Älteren erinnern sich bestimmt daran. In deutscher Übersetzung heißt es im Refrain: „Wie kannst du mir sagen, du seist einsam und dir einreden, die Sonne scheine nicht? Lass mich dich an die Hand nehmen und durch die Straßen Londons führen. Ich zeige dir etwas, das dich dazu bringt, deine Sichtweise zu ändern." Es geht um arme Menschen, die überall in der Stadt zu finden sind, und die sich in einer schwierigeren Lage befinden als die Person, die sich beklagt. Es passt gut zu der Thematik dieses Buches und macht nachdenklich.

Hin und wieder fahre ich im Rahmen meiner Aufenthalte im Süden Deutschlands nach Ulm. Ich liebe das Münster mit seinem riesigen Turm und die vielen kleinen Gassen, so wie ich überhaupt von alten Städten fasziniert bin. Es kommt mir vor, als würde jedes Haus, jeder Stein seine eigene Geschichte erzählen. Vielleicht bin ich in dem Punkt ein bisschen Kind geblieben, oder Kritiker nennen es vermutlich naiv.

Schon vor mehreren Jahren entdeckte ich auf meinen Streifzügen durch die Stadt eine Frau, die auf einer Decke in der Fußgängerzone saß. Oder besser ausgedrückt, sie hockte. Im Ländle hockt man ja. Das habe ich schon vor langer Zeit gelernt, als ich fragte, was ein Hock ist. Dieser Hock wurde auf Tafeln am Straßenrand angekündigt. Die lehrreiche Antwort, die ich bekam, war:

„Ha ja, da hockt mer halt." Verständlicher kann man es nicht erläutern. Also, die Frau hockte auf dieser Decke, die auf den harten Steinen ausgebreitet war und strickte. Neben sich hatte sie alles, was sie bereits fertiggestellt hatte, nach Farben sortiert ausgebreitet.

Zunächst ging ich von einer vorübergehenden Tätigkeit aus. Aber als ich sie in all den Jahren, die ich tageweise immer wieder dort verbrachte, immer wieder erblickte, sprach ich sie irgendwann an. Sie erzählte mir, dass dies ihre Arbeit sei und sie schon lange keine Wohnung mehr habe. Als wir beide kurz darauf ein Café aufsuchten, fiel mir auf, dass sie die Decke und ihr Material während dieser Kaffeepause vertrauensvoll dort liegen ließ. Ganz offensichtlich wusste sie, dass nichts abhandenkommen würde.

Zwei Mitarbeiter des Ordnungsamtes, die uns auf dem Weg sahen, grüßten sehr freundlich und wechselten ein paar Worte mit ihr. Das vermittelte mir den Eindruck, dass sie dort bekannt sei und es mit Sicherheit noch nie irgendein Problem mit der Behörde gegeben habe. Das bestätigte sie mir auch in unserem anschließenden Gespräch bei Torte und Kaffee. Monika möchte, dass ihr echter Name in diesem Buch genannt wird. Sie freut sich, wenn sie so angesprochen wird. Die Unterhaltung mit ihr machte mir vieles deutlich, worüber wohl nicht nur ich bisher kaum Überlegungen angestellt hatte. Dazu gehört beispielsweise die Anonymität, in der Obdachlose leben, obwohl es sie überall gibt und man in einer Stadt fast immer dieselben Personen trifft. Meist halten sie sich an immer demselben Ort auf.

Sie werden wahrgenommen, aber selten angesprochen und kaum nach ihrem Namen gefragt. Auch mir wurde klar, seit ich einzelne von ihnen kennengelernt habe, dass dies bei ihnen das Gefühl der Ablehnung verstärkt. Wohnungslose Menschen empfinden sich ohnehin als Außenseiter, abseits der Gesellschaft lebend, als kaum wahrgenommen. Sobald jemand einen Namen hat, ist die Wahrnehmung eine ganz andere, und zwar auf beiden Seiten. Man kommt sich eben doch ein bisschen näher und hört zu. Es ergibt sich eine ganz andere Gesprächsebene als sonst, wenn man im Vorbeigehen jemandem Geld gibt. Ich habe die Erfahrung gemacht, dass Fragen immer zugelassen werden, wahrscheinlich auch, weil es sicherlich angenehm ist, dass sich jemand näher interessiert für diesen Menschen, der sich bestimmt nicht freudig ausgesucht hat, auf der Straße zu leben.

Mitunter fallen Äußerungen von Passanten, die sich zu zweit unterhalten, zum Beispiel: „Wie kann jemand dahin geraten?" Mit der Frage sollten die Menschen sich am besten an die Betroffenen persönlich wenden, vielleicht ein wenig höflicher formuliert. Sie würden mit Sicherheit Antwort bekommen. Auf der Suche nach dem Mann, der mich in besonderer Weise zu diesem Buch inspiriert hat, musste ich mich durchfragen und begegnete vielen, die keine Wohnung haben. Sie waren mir gegenüber alle sehr freundlich und halfen mit bei der Suche, so gut sie konnten. Über diesen Mann berichte ich in einem späteren Kapitel.

Monika muss man in aller Regel nicht suchen. Sie hat ihren festen Platz, und schon aus einiger Entfernung sind die bunten Farben ihrer Handarbeiten auszumachen. Während unseres Gespräches im Café bewunderte ich sie für ihre handwerklichen Fähigkeiten. Bei mir ist in diesem Punkt Hopfen und Malz verloren, und ich habe mich schon gefragt, ob es noch eine zweite Person geben mag, die sich so dermaßen dumm anstellt wie ich. Insgeheim hoffe ich es, damit es nicht mein Alleinstellungsmerkmal ist. Monika bot mir sogar an, es mir zu zeigen. Ich winkte allerdings dankend ab, weil sie sich einreihen könnte in den Kreis derer, die diesen Versuch bereits erfolglos hinter sich gelassen haben.

Monika hat mittlerweile das sechzigste Lebensjahr überschritten. Einfacher wird mit zunehmenden Alter das Leben draußen mit Sicherheit nicht, andererseits zahlen sich Erfahrungen aus. Monika kann andere, die sich in ähnlichen Verhältnissen zurechtfinden mussen, gut einschätzen. Das ist wichtig, denn untereinander ist nicht unbedingt die absolute Harmonie beheimatet. In Bezug auf unterschiedliche Charaktere, offenes Wesen oder Zurückhaltung, ruhiges oder aufbrausendes Wesen und alle anderen Facetten menschlicher Individualität sind Menschen ohne Wohnsitz ebenso vielfältig wie alle anderen auch.

Wie Monika mir erzählte, gibt es untereinander vereinzelt sogar Neid, auf ihren besseren Aufenthaltsort vor der Drogerie beispielsweise. Dort kennt das Personal sie und begegnet ihr wohlwollend, was umgekehrt auch an ihr liegt. Sie ist ruhig und freundlich. Andere verstehen nicht, dass sie seltener mit einer Geldspende bedacht werden. Menschen wie Monika und manch andere, mit denen ich sprach, finden es unhöflich, aktiv zu betteln. Sie sprechen niemanden an, sondern hoffen einfach nur, etwas abzubekommen. An angestammten Plätzen sollte sich jemand, der neu hinzugekommen ist, auch nicht ungefragt niederlassen. Es herrscht eine gewisse Ordnung, mit der die Mehrheit zurechtkommt. Manch Individualist innerhalb der Gruppe der Obdachlosen hat damit schon mal ein Problem, und so kommt es in Einzelfällen zu Schwierigkeiten. Auf der anderen Seite kann das Verhalten einer größeren, relativ homogenen Gruppe mitunter Gründe dafür liefern, dass sich einzelne andere davon fernhalten. Letztens erst sagte mir eine sehr junge Betroffene bei uns in der Stadt: „Ich sondere mich momentan ein bisschen ab. Die anderen sind mir seit ein paar Tagen zu krass unterwegs. Damit will ich nichts zu tun haben. Müll liegen lassen und Lärm machen geht gar nicht."

Der Rückzug ist allerdings logischerweise schwieriger, wenn man keine Wohnung hat. Die Tür hinter sich zuziehen und abschalten ist nun mal nicht möglich. Es gibt zwar Unterkünfte für Obdachlose, in denen sich Sozialarbeiterinnen und Sozialarbeiter um alle bemühen, aber mehr Platz und ruhige individuelle Rückzugsmöglichkeiten können sie nicht zaubern. So berichtet auch Monika, wie viele andere, dass niemand sich dort gerne aufhält, auch wenn diejenigen, die dort arbeiten, sich wirklich bemühen.

Wie ist Monika in diese Lage geraten? Diese Frage stellen sich vermutlich täglich einige, die an ihr vorübergehen, ihr einen Schal abkaufen oder ihr etwas zustecken. Sie berichtete mir, dass sie in jungen

Jahren verheiratet gewesen sei, die Ehe aber nach Jahren in eine Krise geriet. Dass ihr Mann nicht mehr treu war, entging ihr damals nicht. Natürlich war sie enttäuscht, hoffte aber, dass es sich nur um eine Phase handelte. Die Scheidung könne sie immer noch einreichen, falls er noch länger „über'n Zaun fressen sollte", wie es eine Seriendarstellerin, an deren Namen ich mich nicht mehr erinnere, für ihren persönlichen Fall recht kreativ ausdrückte.

In dieser Zeit war sie gerade nicht berufstätig. Irgendwann kam er nicht mehr nach Hause. Damit war für Monika klar, dass es keinen Sinn hatte, auf bessere Zeiten zu warten. Sie wollte die Scheidung einreichen, aber ihr Mann war unauffindbar. Zum Zeitpunkt unseres Treffens im Café wusste sie noch immer nichts über seinen neuen Aufenthaltsort. Ihre Wohnung konnte sie aus Kostengründen nicht behalten, und auf die Schnelle fand sich auch keinen Job, der monatlich so viel eingebracht hätte, dass sie sich diese weiter hätte leisten können. Eine andere bezahlbare Wohnung war nicht frei. Geld vom Amt zu bekommen scheiterte ihrer Erzählung nach daran, dass sie offiziell noch verheiratet war mit einem Mann, der ein Einkommen hatte.

Nun stand sie auf der Straße, im wahrsten Sinne. Es gab noch Verwandte, aber denen wollte sie nicht zur Last fallen. Also machte sie sich daran, das zu tun, was sie gut konnte, nämlich Handarbeiten. Nach einer Weile trank auch Monika, so wie es vielen in ähnlicher Lage geht, sehr viel Alkohol. In dieser Zeit fand sie viel Zuspruch von einer Frau, die stets ein offenes Ohr für sie hatte, und sie letztlich sogar ermuntern konnte, mit dem Trinken aufzuhören. Das hat Monika geschafft und in dieser Zeit viel über Gott nachgedacht. „Ich bin nicht allein", sagte sie mir schon mehrfach mit Blick in den Himmel. „Es gibt einen, der immer bei mir ist. Auf den kann ich mich immer verlassen." Sie kann es nicht aushalten, wenn jemand in ihrer Nähe irgendeine Kritik übt und dabei die oft gebrauchte Floskel „mein Gott" verwendet. „Lass ihn aus dem Spiel!" ruft sie dann. „Das ist doch nicht seine Schuld."

Ihr Glaube gibt ihr die Kraft durchzuhalten und die Zuversicht, dass sie vielleicht doch irgendwann wieder eine Wohnung bekommen könnte. Sie gibt die Hoffnung nicht auf. Was für sie vor kurzem erst sehr schwer war, ist die Tatsache, dass die Freundin, die ihr aus der Alkoholsucht geholfen hat, verstarb. Das war für Monika ein herber Schlag. Auch hier fand sie Trost und Kraft im Glauben. Was ihr ebenfalls Kraft gibt, ist ihre Arbeit. Das betonte sie in unserem Gespräch immer wieder. Wer ihr in Ulm begegnet, macht ihr mit Sicherheit eine Freude, wenn er ihr Wolle schenkt oder ihr etwas abkauft.

Das Stricken und Häkeln gibt ihrem Tageslauf eine Struktur, und sie nimmt diese Tätigkeit sehr ernst. Da sie weder raucht noch Drogen nimmt und inzwischen sehr gut auf Alkohol verzichten kann, hält sie den Alltag besser durch als jemand, der suchtkrank ist. Trotzdem ist es sehr hart, sich bei nahezu jeder Witterung im Freien damit zu beschäftigen, und das zunehmende Alter erschwert es zusätzlich.

Als ich ein weiteres Mal nach Ulm fuhr und Monika traf, stand eine andere Frau bei ihr, die sie mir vorstellte. Andrea möchte ich hier auch nicht unerwähnt lassen. Auch sie ist mit der Nennung ihres Namens einverstanden. Wo sie sich meistens aufhält, erwähne ich dagegen nicht. Für sie ist die Situation, keine Wohnung zu haben, recht neu. Da spielen Ängste sicherlich verstärkt eine Rolle, und zwar nicht nur die Furcht, nie mehr eine eigene Bleibe zu bekommen.

Andrea war viele Jahre in Festanstellung berufstätig, wie sie mir berichtete. Ihre Rente ist dennoch nicht hoch, würde allerdings für eine sehr kleine, preiswerte Wohnung reichen. Aber die muss man erst einmal finden und bekommen. Die größere, die sie in ihrer aktiven Zeit bewohnte, kann sie sich nicht mehr leisten.

Als sie mir dies erzählte, dachte ich an die neuen barrierefreien Wohnungen, die inzwischen angeboten werden. Oft sind sie viel zu groß und extrem teuer. Offensichtlich wird beim Bau davon ausgegangen, dass ein Rentner-Ehepaar einziehen wird, das sein Eigenheim verkauft. Dabei werden einige Dinge übersehen. Erstens hat nicht jedes Ehepaar ein Haus oder eine Wohnung besessen und kann so hohe Mieten zahlen. Zweitens frage ich mich, warum diese älteren Menschen, wenn sie nun geringere monatliche Einkünfte haben, solch hohe Mieten zahlen sollen. Weil sie (vielleicht) Eigentum hatten? Drittens muss eine Wohnung auch gepflegt werden.

Im Alter macht es durchaus Sinn, wenn die Wohnfläche dann etwas kleiner ist. Viertens stellt sich die Frage, wie lange man in diesem Lebensabschnitt noch zu zweit ist. Nach all den Jahren nur noch ein Einkommen und Steuerklasse 1? Das wird für die Miete der großen Wohnung meist oder zumindest häufig nicht reichen. Meiner Meinung nach werden also eher kleinere Wohnungen gebraucht. Gibt es davon nicht genug, könnte es für einige so problematisch werden wie für Andrea. Sie ist noch nicht lange obdachlos. Ich hoffe, dass sie doch noch eine kleine Wohnung finden kann.

An dieser Stelle sei angemerkt, dass wohnsitzlose Menschen nicht kostenfrei übernachten in den Notschlafstellen. Sie zahlen für ein Bett im Mehrbettzimmer einen Betrag, der im Durchschnitt bei 7 Euro liegt, wie sich bei einer Recherche im Internet herausfinden lässt. Das hört sich nach wenig an, ist aber nur ein Teil der tatsächlichen Kosten. Für den Rest beziehungsweise den größeren Anteil kommen Städte und Gemeinden auf. In einigen Unterkünften gilt, dass dort nur übernachtet werden kann und somit der Aufenthalt auf einige Stunden begrenzt ist. Andere wiederum bieten ein Zimmer zur dauerhaften Nutzung über 24 Stunden an.

Ob Andrea es ausgerechnet an ihrem angestammten Platz in dieser recht teuren Stadt gelingen kann, wenigstens eine Einzimmerwohnung zu finden, wage ich entgegen meiner Hoffnung für sie zu bezweifeln. Wenn die Rente gering ausfällt, steht ihr nach meiner Einschätzung eventuell Wohngeld zu. Dennoch ist auch bezuschusster Wohnraum rar. Ein Neuanfang in einer etwas preiswerteren Lage weit außerhalb der Großstadt könnte eine Chance sein. Aus der Obdachlosigkeit heraus wird die Suche dort wiederum auch nicht einfacher sein. Zudem ist es auf dem Lande inzwischen auch nicht mehr unbedingt preiswert.

Ich habe selber drei Jahre ländlich gewohnt und war einigermaßen erstaunt, welches Preisniveau dort inzwischen erreicht wurde. Dazu stößt man dort noch auf andere Kostentreiber als in größeren Städten, wegen der Entfernung zu fachärztlicher Versorgung zum Beispiel und grundsätzlich im Zusammenhang mit Mobilität. Da nützt auch ein Deutschlandticket nichts, wenn die Busverbindungen eine Rarität darstellen und die ohnehin nur stündlich verkehrende Bahn mit verlässlicher Regelmäßigkeit ausfällt. Ein Leben ohne Auto ist im ländlichen Raum nach wie vor schwierig, und wenn jemand dort neu ist, ganz ohne soziale Kontakte, erst recht.

Bei unserem Zusammentreffen vermittelte Andrea zumindest den Eindruck, als habe sie die Hoffnung auf eine Verbesserung ihrer Situation noch nicht völlig aufgegeben. Das wiederum ist ganz sicher eine wichtige Voraussetzung für eine Veränderung. Wer keine Hoffnung mehr hat, verliert auch die Kraft, eventuell angebotene Hilfen zur Lösung eines Problems anzunehmen.

Hoffnung schaffen und effektive Hilfe leisten können Projekte wie „Housing First", das im Koalitionsvertrag der nordrhein-westfälischen Landesregierung festgeschrieben ist. Samuel Acker vom Westdeutschen Rundfunk berichtete in einem Beitrag vom 12.12.2022 [8] ausführlich darüber. Verkürzt sei hier dargestellt, dass es darum geht, Menschen, die auf der Straße leben, bedingungslos Wohnraum anzubieten, so dass sie nicht den Weg über die Notunterkunft nehmen müssen, aus der heraus eine Wohnraumvermittlung manchmal zwar ebenfalls gelingt, aber komplizierter ist. Mit einer Suchtproblematik beispielsweise ist dieser Weg schwieriger. Beim Housing-First-Projekt erhalten soziale Organisationen Geld zum Erwerb eigenen Wohnraums, der dann an Menschen, die bisher keine Wohnung hatten, vermietet werden kann.

Die Schwierigkeit, auf die auch dieses Projekt stößt, ist genau die, über die ich bereits berichtet habe: Es gibt zu wenig preiswerte Wohnungen. Daran ist Andrea, um an dieser Stelle auf sie zurückzukommen, bereits trotz vieler Jahre Arbeit und dem aktuellen Bezug einer Rente bereits gescheitert. Natürlich ist Wohnraum auch für soziale Organisationen kein Schnäppchen.

In jedem Fall lohnt es sich, den Bericht von Samuel Acker zu lesen.

Der Norddeutsche Rundfunk hat zu dieser Thematik ein vierminütiges Video und einen Kurzbericht von Jan Flemming online veröffentlicht unter dem Titel „Obdachloser findet endlich Wohnung nach 36 Jahren auf der Straße“ [9]. Der Betroffene bestätigt dort, dass es bei der Wohnungsvermittlung aus der Notunterkunft heraus Bedingungen gibt, die er erfüllen konnte. Er war stets sehr ordentlich und hielt sich regelmäßig dort auf, so dass der dort tätige Sozialarbeiter ihn gut kannte und ihn als Mieter empfehlen konnte. Das ist der Unterschied zum Housing-First-Projekt, in dem auch Menschen ohne eine solche Empfehlung eine Chance bekommen. Allein der bezahlbare Wohnraum fehlt in der Regel noch immer. Auch diesen Bericht lohnt es zu lesen und das Video anzuschauen.

Das Thema Wohnkosten an sich, also auch bezogen auf Menschen mit Festanstellung oder regelmäßigem Einkommen im Alter, bringt mich auf weitere Gedanken, die allerdings den Rahmen dieses Buches sprengen würden. Einen davon möchte ich aber äußern. Wer fordert, dass alte Menschen ihr Eigenheim verlassen, um für junge Familien Platz zu bieten, bedenkt aus meiner Sicht die Gesamtsituation noch nicht einmal zur Hälfte.

Wer als älterer Mensch eine möglichst kleine Wohnung sucht, hat es nicht leicht – nicht nur wegen des grundsätzlichen Mangels an kleinen Wohnungen. Glücklich kann sich jeder schätzen, der noch gut zu Fuß ist und es mindestens in die zweite Etage schafft, denn ein Blick in Portale zur Wohnungsvermietung zeigt, dass in den oberen Geschossen von Wohnhäusern immer wieder einiges angeboten wird, insbesondere ohne Lift. Ein Aufzug wiederum erhöht die Nebenkosten nicht unerheblich.

Große Wohnungen in den unteren Etagen gibt es durchaus auch, sie sind jedoch für sehr viele ältere Menschen unerschwinglich geworden. Dazu kommt manchmal eine gewisse Skepsis auf Eigentümerseite hinsichtlich der Kompatibilität zunehmenden Alters mit der Wahrscheinlichkeit eines möglichst langfristigen Mietverhältnisses. Warum sollte jemand, der schon in jungen Jahren vorausschauend geplant hat, sein Haus verlassen, um solche Schwierigkeiten auf sich zu nehmen? Die anderen, die nicht über Eigentum verfügen, stoßen ohnehin auf die geschilderten Probleme. Ich befürchte, dass es einer steigenden Anzahl von Menschen ähnlich ergehen wird wie Andrea.

Eine enorme Hilfe bieten in diesem Zusammenhang Häuser, die in Not Geratenen rund um die Uhr eine Bleibe bieten. In einem solchen wohnt Dieter, den ich nun endlich gefunden habe. Bislang wusste ich nicht, dass ich ihn dort finden kann. Im nächsten Kapitel möchte ich davon erzählen, was er mir über sein Leben berichtet hat.

Mein Leben ist nicht hart oder schwierig

Die Stadt, in der ich aktuell lebe, wird gefühlt immer kleiner. Als ich vor vier Jahren aus einem sehr überschaubaren Ort hierher umzog, musste ich mich selbstverständlich erst einmal im Viertel orientieren und nach und nach andere Bereiche der Stadt erkunden. 162.000 Einwohner im Vergleich zu 12.000 bedeutet zwar eine Umstellung, doch für mich war diese sehr angenehm.

Da ich ohnehin nicht auf dem Dorf aufgewachsen bin, fiel mir diese Entscheidung des Umzugs leicht. Ich habe die Redewendung „einen alten Baum verpflanzt man nicht“ schon oft vernommen, kann damit aber auf mich bezogen nicht viel anfangen. Ich verfüge weder über Rinde um mich herum, noch trage ich eine Laubkrone, und meine Beine stecken nicht tief im Boden. Die Sprache gibt mir weitere Möglichkeiten, mich zurechtzufinden. Ich bin also ziemlich eindeutig keine Pflanze. So begab ich mich in diese neue, mir allerdings auch nicht gänzlich fremde Umgebung. Das Interesse und die Lust auf Neues haben sich seit meiner Jugend kaum verändert. Manchmal frage ich mich, warum das so ist, habe jedoch bisher keine Erklärung dafür gefunden. Ebenso wenig denke ich ständig über mein eigenes Alter nach. Hin und wieder fällt mir jedoch auf, dass inzwischen einiges an Jahren zusammengekommen ist, und in diesen Momenten empfinde ich ein unbeschreiblich merkwürdiges Erstaunen. Wahrscheinlich bin ich damit aber nicht die Einzige in der Gruppe der Oldies.

Die meisten Menschen, die mir hier in der neuen Umgebung bisher begegnet sind, haben es mir ausgesprochen leicht gemacht, Kontakte zu knüpfen. Die Offenheit, der man hier begegnen kann, schätze ich sehr und bin dankbar dafür. Mein erster Weg führte mich zwangsläufig in den nahe gelegenen Supermarkt. Nach dem Umzug musste ich schließlich alsbald Beute machen, wie es mein früherer, etwas skurril anmutender Französischlehrer auszudrücken pflegte, wenn man ihn beim Einkauf traf. Auf dem Platz vor diesem Geschäft traf ich erstmalig auf Dieter. Er saß dort mit seinem kleinen Hund auf einer Decke und war in ein Gespräch vertieft mit einem Kunden, der gerade seine Einkäufe aus dem Laden trug.

Meinen Produkten aus den Regalen fügte ich eine Kaustange für das kleine Tier hinzu und begab mich nach Verlassen des Ladens zu den beiden auf der Decke. Der Mann bedankte sich für meine kleine Geldspende und das Leckerli herzlich und verriet mir den Namen seiner kleinen Hundedame: Elisabeth. Für einen Vierbeiner mag dieser Name eher ungewöhnlich sein, aber tierliebe Menschen, zu denen ich mich auch zähle, sind diesbezüglich ziemlich kreativ. Die Vielfalt der Namen für Haustiere bietet eine nahezu gigantische Breite an Variationen, und eine Spielart davon hat eben dieser kleine Terrier abbekommen.

Von Anfang an lösten Gespräche mit Dieter eine gewisse Faszination auf mich aus. Seine Habe ist äußerst überschaubar, seine Erscheinung ähnelt nicht unbedingt einem Model auf dem Cover einer Hochglanzbroschüre, aber er beeindruckt, und zwar nicht nur mich. In seiner Zeit vor dem Supermarkt erfuhr er viel Zuspruch von Menschen aller Altersgruppen. Er ist sehr freundlich und für alles dankbar. Dieter denkt immer erst zuletzt an sich selbs. Oft gibt er anderen noch etwas ab, besorgt einem Kind ein Eis oder teilt manches, was er für sich gekauft hat, mit jemand anderem. Oberste Priorität hatte seinerzeit das Wohl des Hundes. Das Tier war nach seiner eigenen Aussage alles, was ihm geblieben war.

Immer wieder, wenn ich ihn dort an seinem angestammten Platz traf, zeigte sich, dass er offen seine Probleme und die jeweilige Gefühlslage mitteilte. Obwohl oder vielleicht gerade weil er in jüngeren Jahren wegen kleinerer Delikte Erfahrungen mit Haftstrafen gesammelt hatte, zeigte er einen ausgeprägten Sinn für Regeln des sozialen Miteinanders.

Wehe, wenn ein anderer, der um Spenden bat, dies auffordernd tat! „So etwas macht man nicht!", betonte er wiederholt.

An einem dieser Einkaufstage, es war gerade herbstlich-kühl und regnerisch, wirkte er sehr bedrückt. Eine andere Kundin und ich sprachen ihn an, und es stellte sich heraus, dass er sich Sorgen um die leicht kränkelnde Elisabeth machte. Wir versuchten ihn zu beruhigen und waren bereit, etwas zum Besuch beim Tierarzt beizusteuern. Als die andere Kundin sich mit den Worten: „Du bist ohnehin schon so ein armer Kerl", wandte, erwiderte er freundlich: „Ich bin nicht arm, ich hab nur kein Geld."

Lange hatte ich mich schon mit dem Gedanken beschäftigt, ein Buch zu der hier beschriebenen Thematik zu schreiben. Ich hatte mit ihm auch längst darüber gesprochen und sein Interesse geweckt, dafür aus seinem Leben zu erzählen. Als ich seine Antwort hörte, schoss mir ein blitzartiger Gedanke durch den Kopf:

DAS WIRD DER TITEL.

Dieter führte weiter aus: „Ich habe es eigentlich ganz gut. Ich treffe so oft auf liebe Menschen, die mich so nehmen, wie ich bin. Zu Essen habe ich genug, und sogar meinem Hund wird immer viel gegeben. Ich bin dankbar, dass Menschen Anteil nehmen. Das ist mehr wert als Geld."

Eine solche Aussage macht nachdenklich, und sie erfreut. Sie macht deshalb froh, weil diejenigen, die sich ihm zuwenden, etwas Unbezahlbares zurückbekommen, nämlich herzliche Dankbarkeit. Es verwundert nicht, dass ein solcher Mensch anders wahrgenommen wird als jemand, der fordernd bettelt und sich kaum bedankt, warum auch immer er sich so verhält. Wer weiß schon, welches Schicksal da wiederum der Auslöser ist. Dieter schaffte es immer wieder, Statements abzugeben, die Anlass zum Reflektieren geben. In dieser Zeit gehörte er für mich zum Einkaufserlebnis dazu. Es war immer erfreulich, ihn dort zu sehen.

Als ich im Frühjahr dieses Jahres mit ihm einen Treffpunkt ausmachen wollte, um Notizen über alles, was er zu berichten bereit war, anzufertigen, war er plötzlich verschwunden. Ich suchte lange nach ihm, und zwar abseits seines alten „Reviers" im Stadtzentrum. Nach vielen erfolglosen Versuchen suchte ich den Treffpunkt auf, an dem einige andere wohnungs- und obdachlose Menschen sich versammelt hatten, um gemeinsam zu essen.

Es war mir klar, dass sich so ziemlich alle innerhalb der Stadt untereinander kannten. Ich wurde freundlich begrüßt und bekam Auskunft über Dieters neuen Stammplatz. Einer der dort Versammelten zog sein Handy aus der Tasche und fragte mich nach meiner Telefonnummer. Er würde Dieter sein Smartphone leihen, sobald er ihn sah, damit er mich kontaktieren könne. Das war mir eine große Hilfe. Ich bedankte mich und wollte ihm eine kleine Spende zustecken, aber er lehnte sie ab mit den Worten: „Das ist lieb, danke. Aber lass mal. Ich helfe gern, und für heute habe ich genug zu essen. Ihr müsst ja auch selber alle gucken, wie ihr klarkommt, wo alles so teuer geworden ist."

Der Anruf ließ nicht lange auf sich warten, und ich konnte mit Dieter einen Termin vereinbaren. So saßen wir wenige Tage später in einem der aus meiner Sicht gemütlichsten Cafés der Stadt. Dort in der Nähe hat er seine Kindheit verbracht. Diese war bis zum Alter von fünf Jahren nach seiner Erinnerung eine nicht untypische für die damalige Zeit. Der Vater ging täglich zur Arbeit und erzielte damit ein durchschnittliches Einkommen. Die Mutter kümmerte sich um den Haushalt und die beiden Kinder. Dieters Bruder war zwei Jahre älter als er.

Schon zu Beginn unseres Gespräches gab er eines seiner für ihn typischen und für mich immer etwas unerwarteten Statements ab. Ich ließ meine Einschätzung erkennen, dass es für ihn doch bestimmt ein sehr hartes Leben sei, das er seit vielen Jahren führe. Seine Entgegnung lautete wie folgt: „Mein Leben ist nicht hart oder schwierig, euer Leben ist viel schwieriger. Ihr müsst ständig zusehen, dass Geld reinkommt. Das bleibt nicht mal lange bei euch und geht weg für Miete, Versicherungen und tausend andere Sachen. Das bedeutet Stress. Ich bin euch allen dankbar, dass ihr ihr das macht und weiß, dass nichts laufen würde, wenn alle so leben würden wie ich."

Da kam sie wieder durch: Seine Dankbarkeit, die mir schon immer aufgefallen war. Während er von seiner Kindheit erzählte, hatte ich den Eindruck, dass er sehr verwurzelt sei in diesem nördlichen Viertel der Stadt. Es gefällt ihm hier, und das war ganz offensichtlich immer schon so.

Einen Kindergarten hatte er damals nicht besucht, wurde aber bereits eingeschult, als er noch nicht ganz 6 Jahre alt war. Sein Geburtstag ist im Oktober. Den Begriff „Oktoberkind" verwende ich nicht, weil er in der Sowjetunion eine andere Bedeutung hatte. Angesichts der Revolution 1917 wurden dort alle so bezeichnet unabhängig vom Geburtsmonat.

Das hatte mit der Umstellung des Einschulungstermins vom Frühjahr auf den Herbst zu tun, die sehr vielen Kindern in den Jahren 1966 und 1967 zwei Kurzschuljahre beschert hat.

Daran erinnere auch ich mich noch gut, da ich zu denjenigen gehöre, die damals nur ein halbes Jahr die vierte und ein weiteres halbes Jahr die fünfte Klasse besuchten. Wer in der Oberstufe war und sich kurz vor dem Abitur befand, sah sich ebenfalls vor enorme Herausforderungen gestellt. Wen dieses Thema interessiert, der mag vielleicht alte Presseartikel im Internet suchen. Was damals in den Ministerien und den Schulverwaltungen zu stemmen war, nebenbei bemerkt alles mit Papier und Telefon, ist unbeschreiblich.

Die frühe Einschulung bewertet Dieter rückblickend nicht sehr positiv. Er fühlte sich zwar in den ersten Schuljahren wohl und hat seine erste Lehrerin, deren Namen er verinnerlicht hat, noch in ausgesprochen positiver Erinnerung. Doch sein Lernerfolg wäre nach seiner Einschätzung größer gewesen, wenn er später eingeschult worden wäre. Was ihn als Kind sehr belastete, war die sich verstärkende Alkoholkrankheit seines Vaters. „Er hat mehr und mehr seinen Lohn versoffen", so schildert er die Situation daheim. „Das führte nicht nur zu finanziellen Problemen in der Familie. Er schlug meine Mutter auch immer öfter."

An seiner Mutter hing Dieter sehr. Er bezeichnete sie in unserem Gespräch als sehr liebe und bescheidene Frau, die sich hervorragend um beide Kinder kümmerte. Er trage sie in Gedanken bei sich, erklärte er mir. Als gläubigen Menschen sehe er sich aber nicht. „Ich bin im

Grunde so etwas wie ein Freak. Ich habe so viele Facetten und bin im Grunde nirgendwo einzuordnen", beschreibt er sich. „Ich habe die Welt irgendwie nie so richtig ernst genommen, denke ich", so sein Fazit aus all den erlebten Jahren.

Vielleicht ist diese Sichtweise auch ganz gut für ihn. Das war mein spontaner Gedanke, als er weitererzählte und dabei zu dem wohl schlimmsten Erlebnis seines Lebens kam. Ein paar Jahre davor wurde die Situation daheim für ihn immer unerträglicher. Die ständigen lautstarken Auseinandersetzungen zwischen den Eltern und dazu die regelmäßige physische Gewalt des Vaters gegen seine Mutter konnte er kaum mehr ertragen. Seinem Bruder gelang es, sich innerlich abschotten und eine Art Panzer gegen all das zu entwickeln, was Dieters Gefühle immer mehr aufwühlte. Mit 14 Jahren bat Dieter von sich aus darum, ins Heim ziehen zu dürfen.

Es war ohnehin eine häufige Drohung seines Vaters. Damit war dieser zur damaligen Zeit übrigens sicher nicht allein. „Du kommst ins Heim, wenn du so weiter machst", bekamen viele Heranwachsende in dieser Zeit häufig zu hören. Dass der Sohn dies irgendwann in seinen eigenen Wunsch verwandeln würde, hat bei Dieters Eltern, gelinde ausgedrückt, für mächtiges Erstaunen gesorgt. Was genau sich in seinem Elternhaus abspielte, erzählte er mir nicht, aber er war danach tatsächlich für eine Weile im Heim untergebracht. Einen Schulabschluss erlangte er nicht, sondern verließ die Lernanstalt mit einem Abgangszeugnis.

Schon damals nahm er regelmäßig Drogen. Heute ist er überzeugt, dass er unter anderen Bedingungen und ohne den Drogenkonsum etwas anderes vorzuweisen hätte als dieses Zeugnis, sein Werdegang wahrscheinlich ein ganz anderer gewesen wäre. Aber das war noch nicht das schlimmste Erlebnis. Er hatte einige Zeit später eine Freundin, die er, als beide gerade volljährig waren, heiratete. Es war eine glückliche Zeit, obwohl er wegen Drogenbesitzes noch eine Haftstrafe verbüßen musste.

In dem Moment, als er davon erzählte, lieferte er mir ein Intermezzo, das nicht nur mich, sondern auch weitere Gäste im Café zum

Schmunzeln brachte. Mit einem gut hörbaren „Das Bild hängt schief“ steuerte er zielsicher auf das riesige Gemälde an der gegenüberliegenden Wand zu. Wer Loriot und seine einmaligen Szenen noch kennt, weiß sofort, was uns allen schlagartig in den Sinn kam. Bei Loriot erfolgte eine unbeschreibliche Kettenreaktion mit katastrophalem Ergebnis. Ich ging davon aus, dass Dieter diesen Loriot-Sketch nicht kannte. Als der Ölschinken innerhalb von Sekunden ordnungsgemäß gerichtet war, meinte er allerdings: „Natürlich kenne ich Loriot. Ich habe mal Schlosser und Dreher gelernt. Das kann ich nicht aushalten, wenn was nicht gerade ist.“

„Diese Ausbildung zum Schlosser und Dreher habe ich im Knast gemacht“, fuhr er fort. „Das hat mir Spaß gemacht, und ich bin dankbar, dass ich das angeboten bekommen habe.“

Seine Frau hielt fest zu ihm. Die Chance, die eine Ausbildung bot, war für das junge Paar sehr wichtig. Doch eines Tages geschah das Unfassbare, das Dieters gerade gewonnene Zuversicht auf bessere Zeiten schlagartig zunichtemachte. Seine Frau wurde von einem anderen Mann in dessen Wohnung ermordet. Das war der Moment, in dem alles in dem jungen Witwer zusammenbrach. Nach der Haftentlassung hatte er keinen Halt mehr. Über das Verhältnis zu seinem Bruder in dieser Zeit äußerte er sich in diesem Gespräch und auch bei unseren Begegnungen zuvor nicht. Einmal berichtete er allerdings, sein Bruder sei früh verstorben. Ob dieses Ereignis auch in diese Zeit fiel, ist mir nicht bekannt. In jedem Fall setzte ihm auch das sehr zu.

Schlussendlich verlief sein Alltag alsbald auf der Straße. Inzwischen hat er sich offensichtlich längst damit arrangiert. Ähnliches erzählte mir eine Frau, die vor vielen Jahren kurzfristig die Erfahrung mit dem Leben draußen gemacht hatte. „Viele richten sich drauf ein, wenn die Hoffnung auf Veränderung schwindet. Sie passen sich den Gegebenheiten ebenso an wie andere den Erfordernissen am Arbeitsplatz. Es wird Normalität.“

Das entspricht genau Dieters Definition seiner Lebensweise, die aus seiner Sicht nicht so schwierig ist wie viele denken. Dennoch deute ich seinen Ausspruch: „Wenn ich nicht so früh mit Drogen angefangen hätte, wäre mein Leben wahrscheinlich anders verlaufen“ als einen inzwischen verdrängten Wunsch auf eine Alternative. Bemerkenswert ist, dass er die Schuld nie bei anderen sucht, obwohl er durchaus Grund dazu hätte, gerade was das Verbrechen an seiner Frau angeht.

„Ich hab mir meine eigene kleine Welt in meinem Kopp zurechtgezimmert", ist seine Grundlage, um mit seiner Situation zurechtzukommen. „Man muss sich Bescheidenheit bewahren", ist er überzeugt, „und sich an Menschen erfreuen können. Ich bin dankbar für alles. Das muss nicht unbedingt Geld im Pappbecher sein. Ein gutes Wort, und dass mir jemand zuhört, das ist so viel wert. Es kann auch ein guter Rat sein oder etwas zum Nachdenken. Das mag ich sehr."

Am Tag zuvor gab ein Supermarktkunde ihm ein Pfund Mehl und erklärte, dass das Mehl sich in ein Brot verwandeln könne, wenn man etwas dafür tue. Vielleicht bekomme er dies auch doch noch mit seinem Leben hin. Dieter gibt ihm recht und fand diese Aktion ganz wunderbar. Genau das macht ihn aus. Deshalb kennen ihn so viele und mögen ihn auch.

Was ihm aktuell sehr zu schaffen macht, ist die Tatsache, dass man ihm seine Elisabeth genommen hat. Der Hund befindet sich im Tierheim. Darunter leidet er sehr. Er vermutet, dass der Grund dafür seine Weigerung sein könnte, sich an die Leinenpflicht zu halten. Im Umlauf befindliche Gerüchte erzählen eine andere Version, über die ich mich hier jedoch ausschweige, weil ich die tatsächliche Ursache nicht kenne. Schlimm ist es für ihn ohnehin.

An der Stelle berichtet er: „Die Sozialarbeiterin in der Unterkunft ist toll. Vielleicht kann sie mir da auch weiterhelfen. Ich bin froh, dass ich ein Zimmer habe rund um die Uhr, und dass sie für alle immer ein offenes Ohr hat." Dieter ist an anderen Menschen sehr interessiert. Eine lebhafte Neugier auf die unterschiedlichen Ansichten anderer und die vielfältigen Reaktionen in Gesprächen hat ihn schon als Kind offen auf Menschen zugehen lassen. Auf der anderen Seite wurde er oft enttäuscht, und um sehr viele Menschen hat er schon getrauert. Deshalb braucht er auch immer wieder viel Zeit für sich allein. Dann gesellt er sich nicht zu der größeren Gruppe, die sich zum Essen oder auf einen Kaffee trifft.

Er beobachtet dann alles, was um ihn herum passiert. Er hätte selber gern schon vor längerer Zeit ein Buch über seine Lebensgeschichte geschrieben. Er liebt Bücher. „Ich wusste nicht, wie ich es anstellen sollte, und einen Computer habe ich auch nicht", erklärte er mir. Deshalb war er von Anfang an ganz erfreut, dass ich ihn in mein Buchprojekt einbinden wollte. Der Nennung seines tatsächlichen Namens stimmte er sofort zu.

Befragt nach den schönsten Erlebnissen seines Lebens, reagierte er prompt: „Zwei Reisen nach Spanien mit dem Fahrrad und meine Zeit in Kirgistan. Das war unbeschreiblich schön."

Zweimal die Strecke vom Rheinland nach Spanien mit dem Drahtesel zu bewältigen, das ist eine beachtliche sportliche Leistung. Es handelte sich nicht um ein Pedelec. Sechs Wochen hielt er sich im Süden auf und lernte dort auch ein bisschen Spanisch. „Zurück bin ich getrampt. Es fanden sich immer LKW-Fahrer, die mich mitnahmen und Platz für mein Fahrrad hatten", begeisterte er sich noch immer während seiner Ausführungen. „Diese Fahrten waren einfach super. Aus den Unterhaltungen habe ich viel Neues erfahren, und beide Seiten haben aus den Gesprächen etwas mitgenommen. Trampen im LKW hat was von einer Philosophie-Stunde", stellte er fest.

Nach Kirgistan reiste er mit einem Freund zusammen. Auch dort fühlte er sich rundum wohl und genoss die Freundlichkeit und Gastfreundschaft der Einheimischen. Er lernte damals recht gut Russisch. Das lag unter anderem daran, dass er auf die Kommunikation mit Einheimischen angewiesen war, weil er Gelegenheitsjobs ausführte. Das förderte Kontaktmöglichkeiten, und die damit einhergehenden kleinen Finanzspritzen waren wichtig, damit er sich diese Reise überhaupt leisten konnte. „Dass mein Freund ständig nur auf Deutsch kommunizieren wollte, hat mich manchmal ein bisschen gestört. Dann lernt man weniger", berichtete er. Offenbar war er sehr ehrgeizig beim Erlernen der Sprache. Ein wenig amüsierte mich das, denn ich kann es nachvollziehen. Wenn ich mich im Ausland aufhalte, möchte ich eine andere Sprache sprechen. Unter anderen Voraussetzungen hätte er in seiner Jugend bestimmt einen Schulabschluss geschafft, ging es mir in dem Moment durch den Kopf. Den gleichen Gedanken hatte er wohl auch, denn er schloss diese Erzählung ab mit den Worten: „Wenn ich nicht schon mit 14 Drogen konsumiert hätte, wäre bestimmt manches anders verlaufen, und ich hätte die Schule erfolgreich abgeschlossen. Aber ich bin recht zufrieden. Nur Elisabeth möchte ich gern wiederhaben. Sie versteht nicht, warum sie von mir getrennt ist, und das macht mir am meisten zu schaffen. Ich komm schon klar, aber der Hund weiß nicht, was los ist. Ich kann es nicht vertragen, wenn Lissy leidet."

Es gibt auch schöne Überraschungen

Vor nicht allzu langer Zeit, als ich mich erneut in den Südwesten Deutschland aufzumachen gedachte, überkam mich das Bedürfnis, einen Abstecher in die Schweiz zu planen. Also besorgte ich mir die notwenige Vignette und wartete während meines Aufenthaltes im südlichsten Zipfel Deutschlands auf das bestmögliche Wetter, um spontan in die Heimat von Heidi und dem Almöhi aufzubrechen. Ich war bereits einige Male dort und habe die Erfahrung gemacht, dass ich auf eines in der Schweiz auf gar keinen Fall verzichten kann, und das ist Bündnerfleisch. Schon vor dem Grenzübertritt weiß ich immer, was ich verzehren werde.

So ergab es sich, dass ich auf dieser Tour ein kleines Restaurant aufsuchte, bei dem ich auf einer Tafel vor der Tür mein Lieblingswort von weitem ausmachen konnte. Die Magnetwirkung hatte mal wieder nicht bestens funktioniert. Leider war es sehr voll drinnen, und da die Schweiz nun mal nicht das Rheinland ist, wollte ich nicht fragen, ob ich mich eventuell irgendwo dazusetzen könne. Ich war mir nicht sicher, ob solch ein Verhalten ortsüblich sei. Wahrscheinlich stand ich dort wie ein Fragezeichen und wurde von einem älteren Herrn angesprochen, ob ich an seinem Tisch Platz nehmen wolle. Darüber freute ich mich, und ich gesellte mich zu ihm.

Er wollte mir freundlicherweise seine Speisekarte überlassen, doch ich lehnte dankend ab und gestand ihm freimütig meinen Hang zum Bündnerfleischgenuss. Das war der Start zu einem längeren Gespräch, in dem er mich logischerweise sofort aufgrund der Sprache als Deutsche einordnen konnte. Unsere Namen blieben uns fremd. Doch auch diese Begegnung war eine außergewöhnliche, die einen tiefen Eindruck bei mir hinterließ. „Bündnerfleisch ist fein", stimmte er zu. „In meiner Kindheit gab es das für mich nicht. Erst viel später konnte ich es mir manchmal leisten, als ich selbst arbeiten ging.

Dass ich eine Ausbildung machen durfte, war für mich eine schöne Überraschung. Andere, die so aufgewachsen waren wie ich zur damaligen Zeit, hatten oftmals nicht solches Glück." Manch einer, der davon ausgeht, dass die Schweiz in allen Bereichen vorbildlich ist oder schon immer war, mag sich über eine solche Aussage möglicherweise wundern. Es ist wunderschön dort, und alles scheint immer ganz perfekt zu sein. Doch auch dieses Land verfügt über Altlasten, die nicht zum Vorbild taugen.

Ob ich viel über die Schweiz wisse, wollte er von mir erfahren. Die Art seiner Fragestellung ließ mich vermuten, dass er einschätzen wollte, ob ich sein Land nur durch die Touristenbrille sah oder auch weitere Informationen hatte, die weniger rosarot gefärbt waren. „Ich habe viel gelesen", verriet ich ihm in einer Antwort, die eventuell ein wenig „bünzlig" erscheinen mag. „Aber ich denke schon, dass mein Wissen mindestens so viele Löcher hat wie ein Emmentaler."

Während des Essens erzählte er mir genauer, wie die ersten 25 Jahre seines Lebens verlaufen waren. Das war das erste Mal, dass ich einem Menschen begegnet bin, der zu der Gruppe gehört, über die ich einiges in Büchern und Zeitungsberichten gelesen hatte: die sogenannten Verdingkinder.

Dass die Schweiz bis ins Jahr 1991 gebraucht hat, bis auch der letzte Kanton das Frauenwahlrecht einführte, ist sicherlich den allermeisten bekannt. Von den „fürsorgerischen Massnahmen und Fremdplatzierungen" hingegen haben mit hoher Wahrscheinlichkeit nicht allzu viele gehört oder gelesen. Seit etwa 2010 wurde dieser Teil der Geschichte auch erst verstärkt aufgearbeitet.

So ist online im „blog. nationalmuseum.ch" [10] unter „Ein düsteres Kapitel der Schweizer Geschichte" zu lesen:

„Das düstere Kapitel dringt erst in den letzten zehn Jahren, seit der Entschuldigungen“ (Anm.: Druckfehler übernommen) „der Bundesrätinnen Eveline Widmer-Schlumpf (2010) und Simonetta Sommaruga (2013) stärker ins öffentliche Bewusstsein.“

Zu der von Simonetta Sommaruga ausgesprochenen Bitte um Entschuldigung ist auf Youtube ein entsprechendes Video abrufbar, ebenso wie ein Interview mit ihr zum Thema.

Bis in das sechste und das beginnende siebte Jahrzehnt des 20. Jahrhunderts hinein wurden Kinder gemäß den oben erwähnten „Massnahmen“ durch Schweizer Behörden ihren oftmals verarmten Eltern weggenommen und entweder in Heime gesteckt oder als billige Arbeitskräfte vermittelt, dies zumeist in der Landwirtschaft. Die Eltern, häufig alleinstehende Mütter, bekamen ein Kostgeld als Gegenleistung. Auch den Fahrenden wurden vielfach die Kinder genommen. Zwischen 1926 und 1973 wurden jenischen Familien 586 Kinder genommen. Einige davon wurden ohne Zustimmung der Eltern zur Adoption freigegeben.

Es lohnt sich, nach älteren Schweizer Zeitungsberichten im Internet zu suchen, um darüber mehr zu erfahren. Älter bedeutet allerdings nicht, dass es sich um die Zeit des beginnenden 19. Jahrhunderts handeln würde. Auch wenn manches fast schon mittelalterlich wirken mag, zog es sich bis in die Siebzigerjahre des 20. Jahrhunderts hin. Allein die sprachlichen Auslassungen, mit denen zur damaligen Zeit das Unrecht begründet wurde, sind mehr als befremdlich. Ich mag sie nicht einmal zitieren. Einer der harmlosesten Begriffe ist da noch der des „liederlichen Gemeindebelästigers“. Derjenige, den man mit dieser Wortschöpfung diskriminierte, wurde dann schnell mal weggesperrt. Wer Interesse hat und im Netz auf die Suche geht, braucht gute Nerven. Das will ich vorausschicken.

Nach Berichten auf swissinfo.ch [11] sollte mit der Vorgehensweise verhindert werden, dass die jenische Lebensweise von nachfolgenden Generationen übernommen wird. Die Jenischen waren und sind Schweizer Staatsbürger. Das erwähne ich, weil bezüglich der fahrenden Menschen oftmals vorschnell ein Bezug zu Sinti oder Roma hergestellt wird. Dieser besteht jedoch nicht. Die Jenischen haben ihre Wurzeln seit jeher in der Schweiz.

Wie man in etlichen Berichten nachlesen kann, galt Armut als selbst verursacht und als schlechtes Vorbild für die heranwachsenden Kinder. Da auf den Höfen der Bedarf an billigen Arbeitskräften saisonal unterschiedlich ausfiel, konnten die Pflegekinder abgegeben und später weitergereicht werden, wenn sie nicht mehr gebraucht wurden. Hanspeter Bobst schildert in seinem Buch „Mich kann man mitnehmen“ [12], wie die Trennung von den Eltern in seinem Fall stattfand. Ein Pappschild um den Hals mit der Aufschrift, die inzwischen sein Buchtitel geworden ist, markiert den Beginn seiner Leidenszeit. Er wurde am Bahnhof ausgesetzt.

Für einen großen Teil der Kinder erfolgte die Übergabe in Pflegefamilien auf einem sogenannten Verdingmarkt. Dort wurden sie versteigert. In anderen Ländern gab es zwar auch die Verdingung von Kindern. Es ist kein Alleinstellungsmerkmal der Schweiz. Die Abkehr davon erfolgte allerdings hier deutlich später. Das ist der Unterschied. Dass solche Regelungen eventuell zu einem früheren Zeitpunkt abgeschafft worden wären, wenn in den politischen Gremien deutlich mehr Frauen gesessen hätten, habe ich als Überlegung einmal in einer Diskussion vernommen. Mit absoluter Sicherheit lässt sich das selbstverständlich nicht sagen, aber eine gesteigerte Sensibilität für die Belange der Kinder und auch die Interessen der betroffenen Mütter ist bei Frauen gut vorstellbar, auch wenn Kinder im Allgemeinen eine andere Stellung in der Gesellschaft hatten als heute.

Die meisten Paare waren verheiratet und hatten Nachwuchs, ohne dass sie zuvor ein Zeitraster für die Familienplanung vor Augen gehabt hätten. Das begann erst, als die Pille als Verhütungsmittel aufkam. Davor „kamen die Kinder wie sie wollten“ habe ich noch als Zitat der Mutter eines meiner Mitschüler im Ohr. Kinder gehörten einfach dazu, ob gewünscht, als lang ersehnte Überraschung oder nicht mehr auf der Rechnung stehender Nachkömmling, aber trotz elterlicher Liebe und Zuwendung standen sie nicht ständig im Fokus des Familienalltags. Auch gab es noch allenthalben den berühmten Satz: „Solange du deine Füße unter meinen Tisch stellst, hast du zu tun, was wir sagen.“ Ein Spielfreund von mir setzte sich seinerzeit daraufhin demonstrativ auf den Teppich weit weg vom Tisch. Ich fand das lustig, seine Eltern weniger.

Diejenigen, um die es hier geht, sind überwiegend einige Jahre früher geboren als ich. Da ging es noch strenger zu. Bei dem seinerzeit geringeren Lebensstandard, auch in der damaligen Schweiz, war die Zukunftsorientierung wahrscheinlich vorrangig auf späteren wirtschaftlichen Wohlstand ausgerichtet. Da stand die Sorge um die Folgen für die psychische Entwicklung des einzelnen Kindes vermutlich nicht oben auf der Prioritätenliste und das Gemeinwesen über dem Individuum. Glücklicherweise hat sich dies inzwischen geändert. Es ist positiv, dass die Bemühungen um Aufarbeitung seit einigen Jahren Fahrt aufgenommen haben.

Seit 2017 können Betroffene eine Entschädigung von maximal 25.000 Franken beantragen. Natürlich kann man dadurch nichts ungeschehen machen, aber es ist immerhin eine Geste.

Nun mag sich die Frage ergeben, ob die damalige Gesetzeslage Gültigkeit erlangt hätte, wenn die Schweiz über eine Verfassungsgerichtsbarkeit verfügt hätte. Sie hat in ihrer Geschichte nie ein Verfassungsgericht gehabt und wird mit ziemlicher Sicherheit auch keines aufbauen. Ich denke aber nicht, dass die Existenz eines Verfassungsgerichts etwas geändert hätte, zum einen wegen des soeben erwähnten geringeen Frauenanteils bei öffentlichen Ämtern , zum anderen weil zu vielen Problemen unterschiedliche Urteile gesprochen werden, je nach Land und geschichtlichem Kontext. Margrith Bigler-Eggenberger wurde 1972 zur Ersatzrichterin am Obersten Gericht in Lausanne gewählt und war somit die erste Frau am Bundesgericht. [12] Seit 2017 können Betroffene der damaligen Maßnahmen eine Entschädigung von maximal 25.000 Franken beantragen. Mit der Bewilligung erlischt dann gleichzeitig das Anrecht auf Forderung weiterer materieller oder juristischer Forderungen.

Von diesem Kapitel Schweizer Geschichte, das gar nicht zu der dort praktizierten und tatsächlich vorbildlichen Demokratie passt, wusste ich schon lange, bevor ich mit dem freundlichen Herrn an einem Tisch saß. Während unseres Gesprächs fiel ihm dies auf. „Der Emmentaler hat aber gar nicht so viele Löcher“, bemerkte er mit einem etwas erstaunten

Ausdruck im Gesicht. Er beschrieb die viel zu kurze Zeit mit seiner Mutter als sehr entbehrungsreich. Sie führte einfache Arbeiten mal hier, mal dort aus, zumeist in der Landwirtschaft. Das karge Einkommen, das sie damit erzielen konnte, reichte kaum zum Leben. Der kleine Junge hielt sich während ihrer Arbeitszeiten zunächst bei der ebenfalls armen Großmutter auf. Zuwendung bekam er vor allem dort. Sie liebte ihren Enkel sehr, las ihm oft Geschichten aus ihren wenigen Büchern vor. Manchmal erfand sie auch welche, die sie ihm erzählte.

Im Alter von fünf Jahren erlernte er die ersten Buchstaben. Ihn faszinierten die Bücher der Großmutter, und er lernte schnell und mit Freude. Bis heute ist er sicher, dass dies die Basis dafür war, dass ihm die Zeit in der Schule trotz aller Belastungen durch harte Arbeit, die schon vor dem Unterricht zu erledigen war, gefiel und er gut lernte. Leider verstarb die geliebte Grosi kurz nach seiner Einschulung. Er litt darunter natürlich unbeschreiblich. Erschwerend kam hinzu, dass sich nun niemand mehr um ihn kümmern konnte, während seine Mutter wegen ihrer Arbeitsstellen nicht daheim war. So kam es, dass auch er mit sieben Jahren als Verdingkind auf einen Hof kam, der weit weg von seinem Zuhause lag. Kontakt zur Mutter gab es überhaupt keinen mehr. Der wurde von den Behörden verhindert.

Die Pflegeeltern hatten drei eigene Kinder, zu denen er keine Verbindung aufbauen durfte. „Du bist nicht zum Spielen hier, sondern zum Arbeiten“, war nach seiner Schilderung die kurze und bündige Erklärung der Pflegemutter dazu. Sein Bereich war der Stall, und zwar rund um die Uhr. Selbst die Mahlzeiten, über die er immerhin nur positiv berichtete, musste er dort einnehmen.

Was dies für die Entwicklung eines Kindes bedeutet, ist sicherlich selbsterklärend. Für die drei Kinder der Familie ergab sich meines Erachtens ebenfalls ein erheblicher Nachteil hinsichtlich der emotionalen Entwicklung, es sei denn sie waren besonders sensibel und machten sich früh ihre eigenen Gedanken, unabhängig von der Einstellung der eigenen Eltern. Wie soll ein kleines Wesen Mitgefühl lernen, wenn ein anderes Kind ausgebeutet und im Stall gehalten wird?

Schon nach zwei Jahren musste er die Pflegestelle wechseln. Warum das so war, wusste er nicht. Es war letztlich auch irrelevant, weil es für ihn eine schlimme Erfahrung darstellte an diesem Ort. Auf dem neuen Hof durfte er immerhin mit dem einzigen Sohn der Familie hin und wieder spielen und gemeinsam mit der Familie an einem Tisch essen.

Kinder wie er besuchten öffentliche Schulen. Den Weg dorthin legte er gemeinsam mit dem anderen Jungen zurück. Das waren durchaus Verbesserungen im Vergleich zu der vorherigen Pflegestelle, für die er dankbar war. Dennoch vermisste er seine Mutter sehr, und dass er hart arbeiten musste und der andere Bub nicht, setzte ihm natürlich arg zu. Nach und nach erfasste der inzwischen zehnjährige Bauernsohn die Ungerechtigkeit in der Situation seines Spielgefährten, und er half ihm immer öfter freiwillig bei der Arbeit. Im Vergleich zu anderen Verdingkindern war seine Lage immerhin ein wenig besser. Das währte jedoch nicht lange. Er wusste bis zu unserem Gespräch immer noch nicht, warum er urplötzlich dort wegmusste. Man gab ihm keinerlei Begründung, nicht mal einen Vorwand, sondern reichte ihn weiter an einen anderen Hof. Hier blieb er nur ein Jahr, wurde von einem stets alkoholisierten Knecht geschlagen und von der kompletten Familie mit Arbeit überhäuft, ansonsten fast komplett ignoriert. Das Fazit der Familie lautete trotz all seiner Anstrengungen, er sei zu faul, und so wurde er einer neuen Pflegestelle zugeführt.

Bei seiner weiteren Schilderung verstand ich seine Äußerung hinsichtlich der Ausbildung als Überraschung. Seine neue Stelle war ein Hof, der von einem kinderlosen Ehepaar bewirtschaftet wurde. Dort half der Bruder des Bauern mit, so oft es sein eigener Beruf zuließ. Er hatte eine eigene Metzgerei und ebenfalls gut zu tun. Auf diesem Hof hatte mein freundlicher Tischnachbar zum ersten Mal das Gefühl, nicht ausschließlich als billige Arbeitskraft angesehen zu werden. Die Pflegeeltern, die ungewollt kinderlos geblieben waren, behandelten ihn gut und betrachteten ihn schon bald wie einen eigenen Sohn. „Auch das gab es zum Glück", stellte er fest. „Ich musste nicht besonders viel schaffen. Die meiste Arbeit hat der Bauer mit seinem Bruder erledigt, der in der Metzgerei wiederum von fleißigen Menschen unterstützt wurde."

Auch in der neuen Schule, seiner vierten inzwischen, fühlte er sich angenommen und lernte viel. Sein Abschlusszeugnis konnte sich sehen lassen, erzählte er mir stolz. „Man konnte bemerken, dass ich keinen Fensterplatz hatte", sagte er augenzwinkernd. Diese Redewendung kannte ich, denn ich hatte sie schon mehrfach von Schweizerinnen und Schweizern gehört. Nach meiner Interpretation weist sie auf erhöhte Aufmerksamkeit im Unterricht ohne Ablenkung durch Betrachten der malerischen Landschaft hin. Jedenfalls war er mit dem Zeugnis eines Musterschülers bereit für die Überraschung, von der er zunächst noch nichts wusste. Er blieb in der Pflegefamilie und arbeitete nun mehr, weil er nicht mehr schulpflichtig war. Nach einer Weile erhielt er von dem Metzger, der für ihn wie ein Onkel geworden war, das Angebot für eine Ausbildung in seinem Betrieb.

Dankbar nahm er es an und absolvierte die Zeit dort mit Erfolg. Noch einige Jahre arbeitete er dort, konnte sich die Miete für eine eigene Wohnung leisten und half auf dem Hof, wenn er noch Zeit erübrigen konnte. Leider ist das Ehepaar nicht besonders alt geworden, aber bis zuletzt hielt er Kontakt zu den beiden. Jahre später lernte er eine Frau kennen, die aus einer anderen Region stammte. Sie heirateten und zogen in die Heimat der Frau. Dort arbeitete er bis zur Rente als Metzger. Seine Frau hatte eine Stelle in einem Büro. Zwei Kinder, einen „Buam" und ein „Meitli" bekamen sie, denen sie nach Kräften eine schöne Kindheit bereiteten. Das war ihm besonders wichtig, denn das Kindeswohl stand nach diesen Erfahrungen an oberster Stelle in der Familie.

„Es war für mich als Kind eine harte Zeit. Trotzdem bin ich dankbar, dass ich bei der letzten Pflegefamilie ein gutes Leben hatte. Das hat mit sehr geholfen. Dass unser Meitli und der Bua es von Anfang an schön haben sollten, das versteht bestimmt jeder", bemerkte er am Ende unseres Gesprächs.

Da saßen wir also recht lange, fremd und doch auf eine eigenartige Weise vertraut. Ich wusste plötzlich so viel von diesem sympathischen Menschen. Seine Mutter hatte er gar nicht weiter erwähnt. Möglicherweise hat die zunehmende Entfremdung dazu geführt, dass er die Fragen und die Suche nach ihr verdrängt hatte. Auf dem Weg zurück über die Grenze dachte ich daran, dass es auch für andere interessant sein könnte, von diesem Lebensweg zu erfahren.

Auf dem Weg in den Südwesten erinnere ich mich immer wieder daran. Er war seinerzeit mindestens Mitte siebzig. Schon oft habe ich gedacht: Hoffentlich wird er uralt, wie der Almöhi, damit er viel Erfreuliches nachholen kann, was ihm in der Kindheit verwehrt war.

Schlusswort

Dies waren nun einige Beispiele von Menschen, die mindestens ebenso steinige Wege gehen mussten oder müssen wie diejenigen, die sich ob ihres Bekanntheitsgrades großen Teilen der Bevölkerung öffnen können. Es ist gut, dass mancher seine Prominenz nutzt, um auf Probleme, die jeden treffen können, aufmerksam zu machen. Es ist immer eine Frage des Ausmaßes.

„Lieber arm und gesund als reich und krank" ist eine weitere von unzähligen Redensarten, die leicht in Schieflage geraten, wenn man genauer darüber nachdenkt. Ich befürchte, dass Arme sehr oft wegen ihrer Lebenslage eben nicht gesund sind. Reichtum andererseits schützt nicht automatisch vor Krankheiten, begünstigt aber durchaus eine gesündere Lebensweise hinsichtlich Ernährung und Prävention durch Maßnahmen, die das Wohlbefinden stärken können.

Dass eines der reichsten Ehepaare in seinem Haus überfallen wird, ist aufs Schärfste zu verurteilen und hinterlässt bei der ganzen Familie mit Sicherheit noch lange Angstgefühle. Ob es allerdings sinnvoll ist, über Tage mehrfach davon zu berichten, ist dagegen fraglich. Mir erscheint es oftmals so, als würde mit zunehmendem Umfang der Berichterstattung der Empathiefaktor sinken. Da fehlt meines Erachtens oftmals in den Medien das richtige Fingerspitzengefühl. Ich gehe davon aus, dass eine weniger überbordende Berichterstattung pekuniär wenig bis gar nichts einbringen würde und genau dort der Hase im Pfeffer liegt. Möglicherweise liege ich damit aber auch falsch. Ich lasse mich gern, und in diesem Fall gar zu gern, eines Besseren belehren.

Inzwischen ist wieder viel Wasser den Rhein hinuntergeflossen und einiges hat sich verändert. Prinz Harry und seine Frau füllen noch immer die eine oder andere Seite diverser Blätter und ich beginne mich zu fragen, ob sie dies wohl noch mit 90 Jahren tun werden. Die Beantwortung dieser Frage wird mir ob meines fortgeschrittenen Alters nicht mehr gelingen. Nachfolgende Generationen werden vermutlich wissen wollen, wer dieses Rentnerpaar wohl sein mag und warum es ständig auf dem Bildschirm erscheint. Gedruckte Medien wird es vermutlich in einigen Jahren nicht mehr geben.

Herr Pocher und Herr Becker glänzen momentan erstaunlicherweise durch mediale Zurückhaltung, werden jedoch unter Garantie durch neue Dauerbrenner würdig vertreten.

Ich gebe gern zu, dass ich dennoch nicht in dieser Rolle sein möchte. Doch wer weiß, wie ich selber reagiert hätte, vor allem in jungen Jahren, wenn man mir ständig ein Forum zur Selbstdarstellung gegeben hätte. Es ist gut vorstellbar, dass man aus Höflichkeit kein Interview ablehnen würde oder sich hofiert fühlt und sich dabei unmerklich verändert. Hut ab vor all den Prominenten, die es schaffen, die Presse nicht zu verprellen und nur hin und wieder präsent zu sein mit ihren privaten Geschichten!

Aus meiner Sicht geradezu grandios hat dies der ehemalige Bundeskanzler Helmut Schmidt zusammen mit seiner Ehefrau Hannelore geschafft. Meist wurde sie öffentlich Loki genannt. Ich bevorzuge Hannelore, weil „lokki" mit zwei k auf finnisch „Möwe" heißt und ich das unpassend finde. Jedenfalls haben sie es über sehr lange Zeit hinbekommen, dass kaum jemand von der Existenz ihrer gemeinsamen Tochter wusste. Das war erstens erstaunlich und zweitens für diese Tochter garantiert ausgesprochen angenehm, zumal vor allem in den schlimmsten Zeiten des RAF-Terrorismus eine erhöhte Gefahrenlage nicht auszuschließen war.

Nach meiner Vermutung ist es für Personen des öffentlichen Lebens nicht einfach, einen individuell kompatiblen Umgang mit den Medien zu finden. Dennoch schaffen es sehr viele, bei ihren Erzählungen aus dem Privatleben die Kirche im Dorf zu lassen, während immer dieselben

ben es übertreiben und sich irgendwann mit nachlassender Beliebtheit konfrontiert sehen, weil es den Konsumierenden einfach zu viel wird. Presseberichte schlagen dann auch irgendwann umvon positiven in äußerst negative Statements. Das Beispiel von Meghan Markle und Prinz Harry ist nur eines von vielen.

Die vielen öffentlich Unbekannten mit ihren erzählenswerten Einzelschicksalen bekommen nur selten und wenn, dann nur kurzfristig ein Forum. Angesichts der Vielzahl dieser Menschen ist dies nicht weiter verwunderlich. Dennoch bleibe ich dabei, dass jeder einzelne von ihnen es verdient hat, in einem Buch Erwähnung zu finden. Wahrscheinlich sind sie auch näher an den Lebensläufen von Leserinnen und Lesern dran als Jeff Bezos mit seinem Hochzeitsprogramm. Die Berichte hierüber wollen derzeit auch kein Ende nehmen. Mir persönlich hätte einer gereicht. Es erinnert mich bisweilen an die Märchenwelt mit der Fiktion von schönen Prinzessinnen und reichen Prinzen. Nur die allgegenwärtige böse Stiefmutter fehlt.

Ich habe die Gespräche so wiedergegeben, wie ich sie in Erinnerung habe und in den Fällen, in denen ich erst kürzlich Interviews geführt habe, alle Mühe aufgewendet, genau zuzuhören und möglichst exakt mitzuschreiben. Dabei bin ich stets von der Ehrlichkeit der befragten Personen ausgegangen, die ich auch weiterhin nicht anzweifle. Sollte jemandem etwas unlogisch oder seltsam vorkommen, sei hiermit noch einmal betont, dass ich mir gegebene Informationen so niedergeschrieben habe, wie sie mir anvertraut wurden.

Dieter sehe ich noch immer ab und zu. Den Verlust seines Hundes hat er einigermaßen verarbeiten können, denn das Tier wurde in eine Familie mit Kindern vermittelt, die viel Freude an Elisabeth hat. Da Dieter sich für andere Menschen freuen kann, hat ihn diese Nachricht versöhnlich gestimmt. Wichtig war ihm zu betonen, dass man das Tier von ihm weggeholt hat und nicht er den Hund abgegeben hat. Auch das beruhigt ihn inzwischen. Er ist einfühlsam geblieben trotz seiner Probleme, und ich muss sagen, dass ich mich immer freue, wenn ich ihn treffe. Das geht wohl einigen Menschen so, denn man sieht meistens jemanden für einen Plausch bei ihm stehen.

Ein anderer erfreulicher Fall stand kürzlich in der Lokalpresse. Ein wohnungsloser junger Mann, der es sich zur Aufgabe gemacht hatte, auf einem Parkplatz in Neuss den Autofahrern die Suche nach einem passenden Fleckchen zu erleichtern, hat auf diesem Wege einen Arbeitsplatz gefunden und eine Wohnung gleich dazu. Das ist ein Meilenstein und aus meiner Sicht für den jungen Mann nicht weniger wert als die teure Hochzeit für das Ehepaar Bezos. Glück ist nicht größer, nur weil das Ambiente teurer ist.

Anneli aus Finnland hat ihr Jubiläumsjahr 2024 erfolgreich mit etlichen Konzerten hinter sich gebracht: 35 Jahre nach dem Erfolg beim Eurovision Song Contest und nach 55 Jahren Bühnenpräsenz hat sie ihren 75. Geburtstag gefeiert. Sie ist nach wie vor dankbar, dass ihr Talent ihr den Weg bereitete aus einer Situation, in der sie jede Münze vor dem Ausgeben mehrfach umdrehen musste.

Gerlinde bereitet sich mit preiswerten Kurztrips in schöne Landschaften und den Blumen in dem winzigen Gärtchen hinter ihrer kleinen Wohnung ihre kleinen Freuden. In absehbarer Zeit werde ich sie wieder besuchen, wohl wissend, dass wir wie immer unseren Spaß haben werden.

Auf dem Weg dorthin werde ich auch bei Monika in Ulm vorbeischauen. Ich hoffe, dass sie noch immer stark genug ist, ihren Alltag zu bewältigen. Angesichts ihres fortgeschrittenen Alters wird dies bestimmt nicht leichter geworden sein.

Es wäre mir ein großer Wunsch gewesen, dem sympathischen Menschen, der mich zu diesem Buch und dem Titel inspiriert hat, sein ganz persönliches Exemplar zu überreichen. Er hatte sich schon darauf gefreut. Leider kommt es dazu nicht mehr. Dieter ist vor kurzem ganz plötzlich aus dem Leben geschieden. Er fehlt, weil er vielen einiges geben konnte, obwohl er - nach unseren landläufigen Maßstäben - nichts besaß. Möge er in Frieden ruhen.

Quellenangaben:

1 World Population Prospects, United Nation Population Division (UNPOP)
2 Tagesspiegel vom 09.03.2021: Marktanteil von 30 %. Großes Interesse an Harry- und Meghan- Interview in Deutschland
3 BZ Berlin vom 07.03.2021: Der Mega-Millionen-Deal hinter dem Interview von Harry, Meghan und Oprah
4 Patrick Freiwah, Südkurier vom 22.08.2024: Bürgergeld, haben Menschen ohne festen Wohnsitz Anspruch auf die Leistung
5 Der Spiegel vom 28.06.1976: Die Groteske hat ein Ende
6 Me naiset vom 04.07.2020: Minulla olisi vielä niin paljon annettavaa ihmisille
7 YLE.fi Areena vom 08.07.2020: Anneli Saariston La dolce vita – esitys vuodelta 1989
8 Samuel Acker, WDR am 12.12.2022: Koalitionsvertrag der NRW Landesregierung (Housing First)
9 Jan Flemming, NDR online vom 28.11.2023, 4 Minuten Video und Kurzbericht: Obdachloser findet endlich Wohnung nach 36 Jahren auf der Straße
10 blog. nationalmuseum.ch : Ein düsteres Kapitel der Schweizer Geschichte
11 swissinfo.ch: Als die Schweiz die Kultur der Jenischen auslöschen wollte
12 humanrights.ch: Portrait Margrith Bigler-Eggenberger